나만의 영화, 다큐, 홍보 동영상 만들기

아이폰으로 박찬욱 따라잡기

이영호 지음

팝콘북스

프롤로그

이제 한국 영화계는 스마트폰으로 만든 영화가 접수한다!
1인 1 영화 만들기 시대, 스마트폰 한 대만 있으면 누구나 박찬욱 감독이 된다?

2010년 10월 6일 '아이폰4필름페스티발'에 이어, 2011년 2월엔 무한상상과 도전정신으로 무장된, 스마트폰만으로 제작한 단편영화를 모아 '스마트폰영화제'가 열린다. 필자가 국내 최초로 아이폰만을 사용한 영화를 만든 시점이 2010년 중순이었으니, 근 수 개월 만에 나타난 스마트폰으로 영화 만들기 열풍인 셈이다.

바야흐로, 아이폰을 필두로 한 스마트폰 영화제가 본격 유행 물살을 타고 트렌드가 되는 중이다. 이뿐 아니다. 국내 최고의 감독 '박찬욱 감독'이 스마트폰을 사용하여 촬영하고 이정현이 출연한 영화 〈파란만장〉은 2011년 2월 10일 61회째를 맞이하는 독일 베를린국제영화제 단편영화 경쟁부문에 초청받는 쾌거를 이루기도 했다. 그래서인지 요즘 대학 영화과 학생들 뿐 아니라 영화감독지망생 및 영화 시나리오작가들을 비롯, 영화를 좋아하는 일반인들까지도 스마트폰으로 만드는 영화에 푹 빠졌다. 2011년에 열리는 제1회 스마트폰영화제는 앞으로 계속 이어질 것으로 보이는데다가, 으레 영화 만들기 하면 많은 인력과 장비에 대한 지식이 적어 쉽게 영화제작에 도전하지 못했던 영화감독들이 다시 기지개를 펴기 시작했다.

영화계 사람들뿐만이 아니다. 스마트폰 영화를 만들고 즐기는 사람들 가운데에는 자신만의 영화를 만들뿐 아니라 점차 다른 분야로 확산하는 분위기마저 감지되고 있는데, 스마트폰 한 대로, 아이폰 한 대로 박찬욱 감독 따라잡기에 나서는 수많은 사람들 속에서 필자 역시 패션디자이너로서 패션쇼영화라는 장르 개척에 도전하는 중이다. 스마트폰 한 대만 있으면 영화감독이 되어, 나만의 영화를 만드는 것은 물론, 스마트폰을 사용한 생방송 기능도 사용하여 나만의 방송국도 운영할 수 있게 된 덕분이다.

스마트폰, 정말 스마트하게 쓰고 있는가

아이폰과 안드로이드폰으로 촉발된 스마트폰 경쟁에서 이젠 아이패드와 같은 태블릿PC를 거쳐 스마트TV로 이어간다. 스마트TV? 글자 그대로 보자면 영리한 텔레비전이란 소리인데, 과연 텔레비전이 '바보상자'라는 악명을 떨쳐버리고 진일보한 '스마트'란 영예를 얻을 수 있을까? 스마트폰, 태블릿PC, 스마트TV에 걸맞은 새로운 콘텐츠가 나와야 하고 새로운 플랫폼이 된 스마트폰, 스마트TV에 맞춰 콘텐츠 장르에서도 컨버전스가 이뤄져야 한다. 이른바 '스마트 콘텐츠' 즉, SMARTCON(스마트콘)으로 일컫는 스마트 기기에 적합한 콘텐츠가 필요하다는 뜻이다.

예로 들자면, '패션쇼+영화를 결합한 '쇼무비(ShowMovie)'란 장르로 패션디자이너의 패션쇼를 스마트 기기로 옮겼는데 이는 언제 어디에서나, 패션의 스타일 정보를 제공하기 위한 것이기도 하지만, 요즘처럼 문화트렌드가 전 세계적으로 공유되는 시대에 살고 있는 사람들에겐 스마트폰, 스마트TV야말로 트렌드 공유를 위한 가장 좋은 기기이기 때문이다. 밀라노, 뉴욕, 파리를 비롯해서, 상하이, 서울, 북경, 런던 등, 세계 각 지의 패션스타일을 거의 실시간으로 손 안에서 보는 시대인 까닭에 그렇다.

요즘 현실은 어떤가? 하루가 멀다 하고 쏟아지는 스마트폰 이야기, 태블릿PC 이야기, 스마트TV 이야기를 보다보면 뭔가 알맹이가 빠졌다는 느낌을 지울 수가 없다. 지식의 보고가 되어야할 서점에서도 스마트 기기 사용설명에 치중하고, 콘텐츠 개발에 대한 내용은 찾아보기 어렵다. 이른바 '스마트'란 단어만 앞에 붙여서 세상에 만들어 내놓는 기계들 잔치이기 때문이다.

세상 모든 매체가 스마트한 '기계' 소식만 전하고, 그 기계를 이용할 소비자, 즉 사람의 감성에 대한 이야기가 없다. 스마트폰이 인구수보다 더 많이 쏟아지고, 학생들과 직장인들은 태블릿PC 들고 다니며 공부도 하고 일하며 집에 와서조차 스마트TV까지 집안 곳곳에 걸려있는 세상이 되면 뭐 하는가? 그 안에 담을 내용이 중요한데, 껍데기일 뿐인 스마트 제품만 소개할 뿐, 스마트 기계에 담을 콘텐츠가 없다. 스마트 기계를 이름 알리기에 바쁜 기자님들 머릿속엔 '스마트'가 없는가? 아니면 스마트한 기자님들이 없어서 그럴 수도 있던가 말이다. 생각해보자. 우리가 보유한 영화배우, 코미디언, 연극배우, 음악가 등을 모시고 스마트 기계에 담을 콘텐츠를 만들 고민을 해봤는가?

스마트 콘텐츠 시장, 우리가 주도할 수 있다

스마트 기계는 우리나라에만 나오는 기종이라면 필자의 이런 걱정이 쓸 데 없을 수 있다. 그러나 스마트폰, 스마트TV, 태블릿PC는 전 세계의 공통 제품이다. 문화콘텐츠 시장 자체가 하나로 형성되는 중차대한 시대가 바로 요즘이라는 뜻이다. '헐리웃키드'를 만들어대던 헐리웃 영화로 세계 영화계가 헐리웃에 빠졌을 때처럼 애플이나 구글에서 제공하는 콘텐츠 하나로 전 세계가 문화적 영향을 받을 수 있게 되는 시대란 뜻이다. 한국에서 만든 코미디 영상이 미국에서 소비되고, 한국에서 만든 드라마가 중동에서, 일본에서 소비된다는 뜻이다.

예전엔 텔레비전이 먼저 선보인 후 방송관계자, 저작권자, 배우, 그리고 콘텐츠 수입업자, 수출업자들이 나르기에 바빴다. 요즘은 어떤가? 전 세계 온갖 콘텐츠들이 인터넷에 올라오고 스마트폰으로 컴퓨터로 실시간으로 전파된다. 동영상 사이트 유튜브에 하루에 올라오는 동영상이 약 4만 개라고 하니 앞으로 그 수가 더욱 늘어날 것이다.

상대적으로, 패션이란 장르 역시 동시대의 문화트렌드에 속하는 바, 패션디자이너 빅터리, 필자가 먼저 '쇼무비' 장르로 여기저기 이름을 알리고 있는 중이다. 필자는 마이스페이스에서, 트위터를 비롯해서, 아이폰을 포함한 스마트폰에서 보는 쇼무비를 제작하여 업로드 중이다. 또 글로벌 스타일 토크쇼 '빅터리 쇼'를 서비스하며 실시간으로 전 세계 시청자들, 청취자들에게 다가서려고 한다. 아이폰에서, 안드로이드폰에서 필자와 대화하고 얼굴 보고 음악을 같이 듣는 시대가 된 것이다. 필자도 패션쇼를 스마트하게 하기 위해 뛰어드는 '스마트 시대'란 문화콘텐츠 공급과 수요가 '속전속결'로 이뤄지는 시대란 뜻이다.

우리나라에 UCC로 시작된 동영상 제작능력이 높고, 출판과 드라마 쪽 작가들이 넘쳐

나는데 정작 스마트 기계를 활용하여 세계 콘텐츠 시장에 내놓을 글로벌 콘텐츠를 만들겠다는 흐름이 보이지 않는다. 시장은 하나로 변하고 있는데, 언제까지 좁은 텔레비전 브라운관 안에서 제로섬 게임에 치중하고 있을 것인가 말이다.

지금부터라도 스마트 콘텐츠시장에 뛰어들 채비를 서두르자. 기계에 집중하다보면, 기계사용 환경에 집중하다 보면 결국 또 나중에 외국 콘텐츠 사오느라 로열티만 물어낼 수 있다.

아이폰, 갤럭시폰 등, 스마트제품 사용자가 폭증하는 우리나라야말로 스마트 콘텐츠 시장을 주도할 수 있는 좋은 여건을 갖추고 있다.

영화 만들기부터 인터넷에 방송하기까지 스마트폰으로 단숨에

전 세계 가입자 수 1억 7천만 명을 넘은 트위터(www.twitter.com), 그리고 가입자 수 5억 명을 넘은 페이스북(www.facebook.com)에서도 동영상 서비스를 시작하고, 구글社에서는 세계 최대 동영상 사이트 유투브를 통해 본격적인 스마트TV 시장을 열어가고 있다.

이와 같은 추세로 볼 때, 우리나라에서도 삼성전자와 LG전자를 위시한 스마트TV 시대가 열리며 무궁무진한 동영상 콘텐츠 시장 수요가 폭증할 것으로 보이고 있다. 바로 지금이야 말로 '아이폰 영화촬영 & 아이폰 인터넷방송'이 필요한 시대라는 것이다.

이 책은 스마트폰 카메라 촬영노하우 및 동영상 편집에 대한 손쉬운 가이드이다. 각 급 관련 교육기관에서 교재로 사용하기에 편리하도록 구성했으며, 국내뿐만 아니라 외국에서도 누구나 스마트폰 사용자라면 손쉽게 사용할 수 있도록 각 프로그램 및 각 기기 장치의 사용방법을 필자가 직접 경험한 순서에 따라서 소개했다.

부록으로 제공하는 '인터넷방송국'을 신청하여 설치하는 경우, 해당 인터넷방송국 콘텐츠로 사용 가능한 필자의 아이폰 영화 〈그 여자〉, 〈예뻐서〉, 〈슬리퍼〉 및 아이폰 다큐멘터리 〈지금 만나러 갑니다〉 콘텐츠를 이용할 수 있다. 본 내용에 대한 궁금증 및 관련 활동은 '스마트폰으로 시청하는 스마트TV [빅터리 쇼]의 daum 카페 http://cafe.daum.net/mwriter'에서 정보를 얻을 수 있으며, 본 도서에서 소개한 스마트폰으로 시청하는 인터넷방송은 '빅터리 쇼' www.victorleeshow.com이다.

이영호

CONTENTS

프롤로그 이제 한국 영화계는 스마트폰으로 만든 영화가 접수한다!　　　　　　　　　004

PART 1 계획하기 영화촬영을 준비해보자
PRE-PRODUCTION 프리 프로덕션

chapter 1. PLAN 기획단계
   ① 작품 기획　　　　　　　　　　　　　　　　　　　　　　　　　021
   ② 작품 콘셉　　　　　　　　　　　　　　　　　　　　　　　　　021
   ③ 시나리오　　　　　　　　　　　　　　　　　　　　　　　　　022
      TIP [알아두면 좋은 영화시나리오 기초 용어]　　　　　　　　　022
   ④ 시놉시스　　　　　　　　　　　　　　　　　　　　　　　　　023
   ⑤ 시놉시스 만들기　　　　　　　　　　　　　　　　　　　　　030
   ⑥ 제작기획서 만들기　　　　　　　　　　　　　　　　　　　　037
      표지　　　　　　　　　　　　　　　　　　　　　　　　　　037
      사이 페이지 넣기　　　　　　　　　　　　　　　　　　　　037
      목차 넣기　　　　　　　　　　　　　　　　　　　　　　　038
      기획의도 넣기　　　　　　　　　　　　　　　　　　　　　038
      콘셉트 넣기　　　　　　　　　　　　　　　　　　　　　　038
      개요 넣기　　　　　　　　　　　　　　　　　　　　　　　039
      줄거리 넣기　　　　　　　　　　　　　　　　　　　　　　039
      출연배우 넣기　　　　　　　　　　　　　　　　　　　　　040
      추가 설명 넣기　　　　　　　　　　　　　　　　　　　　　040
      수익 넣기　　　　　　　　　　　　　　　　　　　　　　　041
      일정 넣기　　　　　　　　　　　　　　　　　　　　　　　041
      부가가치 넣기　　　　　　　　　　　　　　　　　　　　　042
      마무리 인사 넣기　　　　　　　　　　　　　　　　　　　　042

chapter 2. PRE-PRODUCTION 준비 단계
   ① 촬영장소 섭외　　　　　　　　　　　　　　　　　　　　　　045
   ② 배우 캐스팅　　　　　　　　　　　　　　　　　　　　　　　045
   ③ 배우 이미지 미팅　　　　　　　　　　　　　　　　　　　　　046
      TIP 프로필(PROFILE) 사진이란?　　　　　　　　　　　　　047
   ④ 연기자 출연계약서　　　　　　　　　　　　　　　　　　　　047
      TIP 출연계약서 샘플　　　　　　　　　　　　　　　　　　048

chapter 3. DOCUMENT 진행 서류
   ① 대본 리딩　　　　　　　　　　　　　　　　　　　　　　　　052
   ② 씬 설정표　　　　　　　　　　　　　　　　　　　　　　　　052
      TIP 현장 콘티　　　　　　　　　　　　　　　　　　　　　053

3 촬영스케줄　　　　　　　　　　　　　　　　　　　　　　　053
　　　TIP 영화제작 필요 서류 : 씬 구분표, 스크립트, 씬# 콘티, 로케이션　054
　　4 아이폰으로 만든 영화, 프랑스 칸국제영화제에 출품하자　　　055
　　　TIP 작품 제출 조건 안내　　　　　　　　　　　　　　　　　　058

PART 2 만들기 아이폰으로 영화를 촬영해볼까?
PRODUCTION 프로덕션

chapter 1 아이폰 카메라를 소개합니다
　1 아이폰 카메라의 구성　　　　　　　　　　　　　　　　　　　063
　2 아이폰 카메라의 특징　　　　　　　　　　　　　　　　　　　063

chapter 2 아이폰 카메라로 영화를 찍어보자
　1 아이폰 촬영 시 고려할 점　　　　　　　　　　　　　　　　　067
　　배터리 문제　　　　　　　　　　　　　　　　　　　　　　　067
　　영화배우들, 연기자들의 어색함　　　　　　　　　　　　　　　067
　　줌인, 줌아웃 기능　　　　　　　　　　　　　　　　　　　　067
　　야간촬영의 어려움　　　　　　　　　　　　　　　　　　　　068
　　화면 앵글 부적합　　　　　　　　　　　　　　　　　　　　　068
　　다양한 편집은 영상편집 프로그램을 사용해야　　　　　　　　　068
　　아이폰 영화라고 해도 인터넷에서 사영하기에 어려운 현실　　　068
　2 실외에서 촬영하기　　　　　　　　　　　　　　　　　　　　069
　　밤 시간대에 움직이는 자동차 촬영　　　　　　　　　　　　　070
　　흐린 오후 시간대에 정지 물체와 움직이는 사람들　　　　　　　071
　　밤 시간대, 거리에서 실내로 들어갈 때　　　　　　　　　　　　071
　　밤 시간대, 도로 주행 차량들의 라이트와 정지 물체 촬영　　　　071
　　흐린 오후, 달리는 차량에서 거리 풍경 촬영　　　　　　　　　　072
　　흐린 날, 많은 사람 촬영하기　　　　　　　　　　　　　　　　073
　　밤 시간대, 많은 사람들 촬영하기　　　　　　　　　　　　　　073
　　밤 시간대, 네온싸인 건물 촬영하기　　　　　　　　　　　　　074
　　오후 시간대, 움직이는 사람 속에서 움직임 속도가 다르게 촬영하기　075
　　어두워지는 시간대에 조명이 있는 곳과 없는 곳에서 촬영하기　　075
　　촬영 대상의 움직임을 예측할 수 없는 촬영하기　　　　　　　　076
　　촬영 대상이 움직이지 않을 때 촬영하기　　　　　　　　　　　076
　　춤추는 인형 촬영하기　　　　　　　　　　　　　　　　　　　077
　　정지 물체에 근접 촬영하기　　　　　　　　　　　　　　　　　077
　　실외 같은 실내에서 촬영하기　　　　　　　　　　　　　　　　078
　　밤 시간대, 정지물체 사이로 조명 풍경 촬영하기　　　　　　　　078

3 실내에서 촬영하기 — 079

- 인물과 정지 물체 촬영 — 080
- 정지 물체 색상별 촬영 — 081
- 인물 촬영 — 081
- 정지 상태에서 움직이는 물체 촬영하기 — 082
- 움직이는 상태에서 정지 풍경 촬영하기 — 082
- 정지 상태에서 어두운 배경 속에 밝은 장소를 촬영하기 — 082
- 움직이기 시작하면서 어두운 배경 속에 밝은 장소를 촬영하기 — 083
- 움직이는 지하철 안에서 정지 물체 촬영하기 — 083
- 갈색 조명의 실내에서 촬영하기 — 083
- 갈색 조명의 실내에서 노트북 모니터를 정면으로 촬영하기 — 084
- 밝은 실내에서 컴퓨터 모니터 촬영하기 — 084
- 밝은 실내에서 흰 벽면 앞에 컴퓨터 장치 촬영하기 — 084
- 앞의 두 가지를 촬영한 같은 밝은 실내에서 벽면을 촬영하기 — 085
- 스팟라이트(SPOT LIGHT)가 번쩍이는 실내에서 촬영하기 — 085
- 밝은 곳에서 더 밝은 곳을 촬영하기 — 085
- 어두운 실내에서 라인 조명으로 촬영하기 — 086
- 위 16번 촬영 장소에서 투명 컵 위에 다른 잔 촬영하기 — 086
- 어두운 장소에서 흰색 조명 위에 투명 컵 촬영하기 — 086
- 어두운 실내에서 흰 조명 앞에 두고 인물 촬영하기 — 087
- 어두운 실내에서 흰 조명 켜고 촛불 조명과 대비 촬영하기 — 087
- 흰 조명 아래 파란 바탕 위에서 글씨 촬영하기 — 087
- 제과점 베이지 톤 조명에서 글씨 촬영하기 — 088
- 청색 톤의 인물과 베이지톤의 분위기 촬영하기 — 088
- 밝은 스튜디오 조명에서 촬영하기 — 088
- 어두운 앞, 밝은 뒤를 배경으로 인물 촬영하기 — 089
- 실내포장마차에서 촬영하기 — 089
- 실내포장마차에서 촬영하기 (파란 테이블 위에 채소) — 089
- 동대문시장 상가 내에서 촬영하기 — 090
- 밝은 조명의 움직이는 지하철에서 인물 촬영하기 — 090
- 밤거리 천막 어두운 공간에서 인물 촬영하기 — 090
- 밝은 실내에서 검은색 인물 뒤에서 인물 촬영하기 — 091
- 주변 색감에 맞춘 스타일링 의상으로 인물 촬영하기 — 091
- 지하철 역사 안에서 이동하는 인물 촬영하기 — 091
- 분식집에서 김밥 촬영하기 — 092
- 호프집에 설치된 스크린으로 비춰지는 영상 촬영하기 — 092
- 어두운 피시방에서 컴퓨터 모니터 조명 앞 인물 촬영하기 — 092
- 어두운 피시방에서 컴퓨터 모니터 촬영하기 — 093
- 건물 1층 실내에서 이동하는 인물 촬영하기 — 093
- 같은 장소에서 배경에 따른 영상 색감의 차이점 촬영하기 — 094
- 패스트푸드점에서 촬영하기 — 094
- 넓은 음식점에서 사람들 촬영하기 — 095
- 지하철에서 손잡이를 가까이 촬영하기 — 095

	호텔 방에서 테이블 유리에 비춰진 실내등 촬영하기	096
	지하철에서 기다리는 인물 촬영하기	096
	지하철 내부 촬영하기	097
	지하철 역사 통로를 촬영하기	097
	호텔 엘리베이터 앞 탁자와 테이블 촬영하기	098
	호텔 프론트 데스크 촬영하기	098
	도로 터널에서 자동차 촬영하기	099
	날씨 맑은 여름 오후, 버스 안에서 빈 좌석 촬영하기	099
4	화면에서 조명 조절하기	100
	아이폰 카메라 조명 비교 1	100
	아이폰 카메라 조명 비교 2	101
	아이폰 카메라 조명 비교 3	102
5	촬영 시작하기	103
6	촬영 멈추기	105
	TIP 아이폰 카메라로 얼마나 오래 촬영할 수 있을까?	105
7	촬영 내용 확인하기	106
	TIP 아이폰 카메라 화면에 표시되는 이미지는 무슨 뜻일까?	107
8	촬영 내용 지우기	108
9	동영상에 넣을 특별한 소리를 만들어볼까요?	108
	TIP 오디오 파일 분량정하기	109
	음성메모 열기	109
	음성메모 닫기	110
	음성메모 멈추기	110
	음성메모 확인하기	110
	음성메모 지우기	110
	음성파일 내려받기 : '아이폰'에서 컴퓨터로	111
	TIP 오디오 파일 듣기 프로그램: 알요, 스위치	114
	음성파일 불러오기 : '무비메이커'로 불러오기	115

chapter 3 아이폰에서 촬영 영상 확인해보자

1	아이폰에서 동영상 열기	120
	소리 조절하기	120
	TIP 아이폰 스피커와 동영상 소리 듣기	121
	끝내기	121
	빨리 이동하기	121
	잠시 멈추기	122
	화면에 맞추기	122
2	아이폰에서 동영상 자르기	123
	동영상 열기	124

동영상 자르고 싶은 부분 지정하기	124
동영상 자르고 새로 만들기	125

chapter 4 아이폰에서 동영상 빼기

카메라 마법사 사용하기	128
윈도우 탐색기 기능 사용하기	131

POST-PRODUCTION
포스트 프로덕션

PART 3 꾸미기 아이폰 영화를 컴퓨터에서 나 혼자 손쉽게 편집해볼까?

chapter 1 팟인코더를 컴퓨터에 설치하자

다운로드	137
이용약관 동의	138
구성요소 선택	140
설치 위치 선택	140
팟인코더 설치 완료	141

chapter 2 동영상을 만드는 손쉬운 방법, 따라해보자.

❶ 팟인코더 실행하기	142
❷ 동영상 자르기	144
❸ 텍스트(자막) 입력	147
자막 크기	147
자막 위치	148
자막 속성	148
자막 색상	149
자막 적용	149
❹ 그 외	149
오프닝 입력	149
엔딩 입력	150
로고 입력	151

chapter 3 동영상을 변환하는 '인코딩'에 대해 알아보자.

❶ 파일 불러오기	153
❷ 옵션 설정	153
웹 업로드용 옵션	154
PC 저장용 옵션	154
휴대기기용 옵션	154
내 설정 옵션	155
❸ 세부 설정	156
비디오	157

영상처리	159
오디오	159
자막	160
로고	161
기타	161
4 인코딩 시작	162

chapter 4 완성된 동영상을 daum tv팟, 카페, 블로그에 올리자

tv팟에 올리기	164
카페에 올리기	164
블로그에 올리기	165

chapter 5 특수효과를 사용해서 나만의 동영상 만들자

1 사진으로 만드는 동영상?	167
소프트웨어 설치하기	167
소프트웨어 실행하기	167
동영상 만들기 메뉴 실행하기	168
① 사진 추가하기	169
② 음악 추가하기	169
③ 효과 주기	170
④ 타이틀 만들기	170
⑤ 자막 만들기	171
⑥ 엔딩 만들기	171
⑦ 동영상 저장하기	171
2 동영상에 특수효과 만들기	172
메니캠 설치하기	173
웹캠이 없을 때 메니캠 실행하기	177
웹캠이 있을 때 메니캠 실행하기	180
메니캠 기능 알아두기	182
TIP 인터넷에서 본 동영상을 다시 볼 수 있을까?	188

PART 4 감상하기 내가 만든 영화를 감상하는 방법 THEATER 씨어터(극장)

chapter 1 아이폰으로 만든 영화, 인터넷에서 감상하자

1 블로그(daum, 네이버)	193
daum(다음)	193
네이버	195
2 트윗비드	197
3 tv팟	201

4	유투브	203
	TIP 유투브의 돈 버는 동영상이란?	205
5	프리첼 Qtv	206

chapter 2 내가 만든 동영상, 아이폰에서 감상하자

아이폰에 저장할 동영상 변환하기	209
폴더 동기화를 통해 동영상 옮기기	210
아이튠즈의 [보관함] 기능을 활용해서 동영상 옮기기	213
동기화를 통해서 아이폰으로 옮기기	214
아이폰에서 아이팟(iPOD) 열기	215

chapter 3 CD로 만들어 감상하자

CD 만들기	220

PART 5 활용하기 스마트폰으로 만드는 동영상 & 방송, 이렇게 활용하자

MULTI USE
다양한 활용

인터넷 실시간 강의	224
CCTV 현장 방송	225
이벤트 중계	225
영상편지	226
영화촬영	227
TV홈쇼핑	227
화상회의	228
구매대행	229
현장녹음	231
커뮤니티231	

smart tv 극장
n스크린
스마트 TV

PART 6 인터넷 TV 극장 만들기 아이폰 영화를 인터넷에 방송해보자

chapter 1 올레온에어

1	아이폰에 어플리케이션 설치하기	235
2	기능 알아두기	239
	로그인	239
	일반설정	240
	비디오 화질	241
	서비스 연동	242
3	방송하기	242

아이폰으로 방송하기	242
아이폰에서 방송 시청하기	244
TIP 스마트폰 방송을 컴퓨터에서 접속하면 어떻게 될까?	245
4 웹캠으로 방송하기	246

chapter 2 무료 인터넷방송국+스마트폰방송국 만들수 있다

1 임베드(EMBED) 기능 이해하기	252
도메인 준비	253
웹호스팅	253
2 임베드 소스 설치하기	254
index.html 이해하기	255
index.html 문서 열기	272
index.html 문서 수정하기	273
TIP EMBED와 OBJECT의 차이점	275
3 HTML 기초지식 알아두기	275
TIP HTML 색상코드	279
① 글자체	280
② 글자 변형하기	280
③ 줄 바꾸기	281
④ 인용구	281
⑤ 그림	281
⑥ 수평선	281
⑦ 음악 넣기	281
⑧ 음악 반복하기	281
⑨ 링크	281
⑩ 새 창으로 링크	281
⑪ 표 만들기	281
가로 표 만들기	281
세로 표 만들기	282
변형 표 만들기	282
복수 표 만들기	282
[표]의 테두리, 색상, 크기 설정하기	283
4 아이폰에서 인터넷방송 접속하기	284
TIP [위젯]이란?	286

에필로그	스마트TV 콘텐트 시대에 나 혼자 아이폰으로 만드는 영화 n스크린 시대, 스마트폰에서 태블릿PC로, 나만의 동영상 영화 만들기	287
부록	〈스마트폰 동영상으로 꾸미는 나만의 인터넷방송국〉 소스	290

PART 1
계획하기 영화촬영을 준비해보자

PRE-Production
프리 프로덕션

chapter 1 PLAN
기획단계

영화를 기획하는 단계이다.
시놉시스를 만들고, 트리트먼트로 발전시키며 영화 시나리오를 만드는 단계가 해당된다.
건물을 세우려면 설계도가 필요하듯이 영화를 만드는 데 가장 중요하고 필수적인 단계가 작품기획 단계이다.

1 작품기획

작품기획이란 "어떤 영화를 만들 것인가?" "어떤 배우를 캐스팅할 것인가?" "어떤 분야의 영화를 만들 것인가?"와 같은 계획을 세우는 단계이다. 전문 영화분야에서 '기획자'가 따로 있지만 1인 영화제작에서는 혼자서 기획 · 준비 · 촬영 · 제작 · 편집 · 상영을 다 해야 한다.

'작품기획'에는 '기획배경'과 '기획내용'이 필요하다. 시나리오 개발부터 배우 캐스팅, 시나리오 준비, 촬영 및 제작, 상영까지 전체적인 진행계획을 이야기하는 작품기획도 있는데, 좁은 의미의 작품기획이란 '영화' 그 자체에 집중하는 것이다. 다시 말하면, 좁은 의미의 '작품기획'이란 영화에 대한 소개를 14글자 이내로 정의할 수 있는 가장 간단하면서도 가장 이해하기 쉬운 설명을 말한다. 예를 들어서, 필자의 영화 가운데 <내 남자친구는 나쁜 X>라는 작품은 이 영화에 대한 소개로 "다섯 여자의 나쁜 남친 길들이기"라는 설명을 붙일 수가 있다. 이 간단한 한 줄의 설명이 '작품기획'이라고 할 수 있다.

여러분이 만들 수 있는 가장 간단한 작품기획을 다른 사람들에게 이야기 해보자. 작품에 대한 소개가 복잡할수록 사람들의 관심을 받기 어렵다는 걸 알아두자. 사람들이 작품기획만 듣고서도 영화 전체에 대한 관심을 가진다면 여러분은 가장 좋은 마케팅까지 성공한 것이다.

2 작품 콘셉트

작품 콘셉트란 '작품기획' 단계에서 한 단계 더 진일보한 단계로써 작품의 콘셉트, 즉 작품의 개념을 말한다. 흔히 영화의 장르 구분을 말하는 데 사용하는 '콘셉트'란, 로맨틱코미디인지 공포물인지 액션물인지 분류하는 것이다. "작품은 어떤 콘셉트인가요?" 이런 질문을 받았다면 자신 있게 이야기하자. "이번 작품은 로맨틱 코미디이며, 액션이 가미된 해피엔딩 콘셉트입니다." 등으로 말이다.

영화콘셉트는 영화관객들에게 반응을 일으킬만한, 즉 흥행 가능성이 있는지 없는지 따져볼 수 있는 가장 중요한 단서가 된다. 사회의 전반적인 유행 트렌드는 로맨틱 영화를 선호하는데, 갑자기 내가 좋아한다고 해서 '공포영화 콘셉트'를 들고 나오면 어떻게 되겠는가? 작품의 콘셉트는 작품이 시작될 수 있는지 없는지 판단할 수 있는 가장 중요한 '시작'이다.

3 시나리오

시나리오는 영화의 전부이다. 영화를 위한 시나리오가 아니라 시나리오를 시각적으로 만드는 게 영화이다. 영화와 시나리오의 관계를 이야기할 때 설명하는 방법이다. 그만큼 영화 시나리오는 영화투자자에게 투자를 할 것인지 말 것인지 판단할 수 있는 가장 중요한 판단요소가 된다.

> **TIP** 알아두면 좋은 영화시나리오 기초 용어
>
> F.I (Fade In)　점점 드러나는 영상
> F.O (Fade Out)　점점 사라지는 영상
> PAN.　카메라 움직이기
> O.L (Over Lap)　서로 겹치는 화면

> S# (Scene#) 영화 각 장면 '씬'으로, #는 번호를 의미. S#23이란 뜻은 '23번째 장면'
> C.U (Close Up) 클로즈업 화면
> Full Shot (풀샷) 연기자의 몸 전체가 다 드러나는 촬영장면
> Long Take (롱테이크) 이어서 계속 촬영하는 장면

좋은 영화 시나리오는 많이 읽어보고 많이 써 보는 게 가장 좋은 공부방법이다. 영화진흥공사의 자료실을 보거나 각종 영화사에서 제공하는 영화 시나리오를 참조해도 좋다.

4 시놉시스

시놉시스란 시나리오를 쓰기 전에 영화의 기본적인 줄거리 등의 내용으로 그 내용에는 '줄거리' '배역' '기획배경' '작품 설명' 등이 포함된다. 영화배우들이 작품을 선택할 때 전체 시나리오가 없을 경우 시놉시스만으로도 작품을 선정하는 만큼 시놉시스의 중요성은 아무리 강조해도 지나치지 않는다. 제대로 된 시놉시스가 있어야 좋은 시나리오가 나온다.

다음 '시놉시스'는 필자가 작성한 시놉시스로써 여러분들이 아이폰으로 만드는 영화를 준비하면서 작품에 대해 소개할 때 필요한 내용을 참조할 수 있을 것이다. 시놉시스에는 아래와 같이 '제목', '주요 제작진', '배역 캐릭터', '줄거리' 등에 대한 설명이 포함되어야 한다. 한 마디로 정의하자면 전체 영화작품의 '맛 보기'인 셈이다.

주 이어서 소개하는 [시놉시스] : 골프영화 〈버디걸〉을 예로 살펴본다. 여러분들이 준비하는 아이폰 영화 기획에 필요한 시놉시스로써 실제 제작한 드라마 콘텐츠에 대한 시놉시스와 제작 기획서는 뒤에서 소개해두었다.

[시놉시스 例] : 패션디자이너 빅터리의 쇼무비 〈버디걸〉

기획 빅터리
극본 빅터리
감독 빅터리

되는 일 없던 다섯 백조, 골프장에서 만난 '백마 탄 왕자'
사랑쟁탈전

미녀골프단_ 버디 걸
MISS AGENT 5IVE[PAR이브]
"BIRDIE GIRLS"

연습 20 년 월 일 **촬영** 20 년 월 일 **개봉** 20 년 월 일

_____ 님 귀하

- **제목** 미녀골프단 5IVE(PAR이브) - 버디 걸 BIRDIE GIRL
- **형식** 150분(장편영화)
- **장르** 로맨틱 코미디
- **주제** 여자의 인생에서 만나는 감동적이고 진실한 '꿈'과 '사랑'에 대한 童話
- **기획 키워드 & 의도**

스포츠 [골프] & [미녀]

컴퓨터에 익숙하고, 손으로 쓰는 편지보다 이메일과 휴대전화 문자 메시지로 의사소통을 하는 여성들은 '성공'하기 위해 '골프'를 배우고 '멋진 남자'를 찾아 나선다.

중세 [유럽式 사랑 속 백마 탄 왕자]

젊은이들의 사랑도 인스턴트식 사랑에 깊이도 없는 즉흥적 만남에 익숙해져가는 시대에, 지난 수백 년 전 사람들에게 열병을 안겼던 고전적 사랑으로만 만날 수 있던 '동화 속 남자'의 부활, 프랑스 소설 「별」에서 '알퐁소 도데'의 '목동의 사랑'을 간직한 남자가 여자 앞에 나타난다. 21세기에 만나는 '하이틴 로맨스' 로맨틱 코미디 미녀골프단 5IVE(PAR이브)-버디걸은 여자 다섯 명이 제각기 꿈꾸는 각기 다른 '일'과 '사랑'을 만나는 소동을 통해 여자들이 공감하는 웃음과 눈물이 섞인 꿈과 인생, 그리고 스포츠 '골프'의 아름다움을 선사한다.

- **줄거리**

여자 스무 살. 대학을 졸업하거나 다니는 20대 여자 5명이 황당한 아르바이트를 시작하게 된다. 골프장에서 홍보도우미로 '미녀골프단'을 모집하는데 이들이 하는 일은 골프장 손님들과 라운딩에 나서는 것. '골프'의 매력과 '멋진 남자'를 만날 수 있을 것이란 기대를 갖고 여자 5명이 골프장을 찾아오게 된다. 여자라면 갖고 싶을 만한 예쁜 인테리어로 꾸며진 골프장에서, 여자 5명이 서로 만나고, 친구를 만나 이야기를 나누며 영화가 시작된다. 저마다 개성이 다른 친구 '소희(S)', '빈이(C)', '지애(P)', '태희(H)', '혜교(M)'는 아르바이트를 하며 친해지는 동료이자 친구이다.

순정만화를 보는 느낌의 화면 구성에 간혹 빠른 극 전개는 작품의 맥을 짚어내며 관객들에게 색다른 골프 라운딩과 귀여운 여자 5명이 벌이는 사랑 쟁취하기 에피소드(꺼리)를 제공한다. 〈악마는 프라다를 입는다〉의 '낯선 곳에서 만나는 이야기'와 〈섹스 앤 더 시티〉의 '여자들만의 마음 속 이야기'가 관객들에게 빠른 템포의 애니메이션적 페미니즘 영화의 진수를 제공한다. 원색이 강조된 몽환적 의상과 아름다운 골프장의 전원적 풍경에 어울리는 귀여운 다섯 여자들의 꿈 이야기와 '멋진 남자' 한 명을 두고 벌이는 사랑 쟁탈전이 펼쳐진다. 재벌 2세로 알려진 골프장 젊은 사장 '멋진 남자 A'의 사랑을 쟁취하기 위해 벌이는 다섯 여자의 사랑쟁탈전에서 귀엽고 깜찍한 애교가 폭소를 연발하게 만든다. 그러던 중, '멋진 남자 A'에게 숨겨진 비밀이 드러나며, 골프장의 경영권이 걸린 비밀 골프시합이 벌어지고 '미녀 골프단'도 참가하게 되는데……[후략]

본 작품은 동양의 감성 이미지와 유럽의 채색을 담아 유럽 명화 속에서 살아 숨 쉬는 여성을 그려낼 예정이다. 유럽 길모퉁이에서 흔히 보이는 노천카페에 앉아 가느다란 흰 손가락에 연갈색 담배를 낀 채 독서에 열중하는 유럽 여성들조차도 〈버디걸〉을 보고나면 너무 귀엽고 섹시해서 도저히 사랑할 수밖에 없는 다섯 여자에게 매료될 것이다. 중세 유럽에 프랑스 작가 '알퐁소 도데'의 원작 「별」에서 선보인 '남자의 사랑'을 통해 여성의 삶과 인생을 21세기에 재조명하는 본 영화 〈버디걸〉은 여성들의 꿈과 사랑을 전달하며, 감동적인 스포츠 골프 이야기를 통해 관객들에게 진한 감동을 선사할 것이다.

■ 등장인물

태희 H(22세, 5월 봄, 여)
어릴 적 실연을 경험해본 태희는 힘들고 어려움 속에서도 웃음을 잃지 않는 희망을 이야기한다. 사춘기 소녀 시절을 보내고 고등학교를 넘어 대학교에 처음 입학하면서 가진 생각은, 여자로서 인생은 '배려'·'믿음'·'용기'가 중요하다고 이야기 한다. 이야기를 들어주고 대화하는, 자기 일 꿋꿋이 이뤄가는 여자 친구. 이따금 밤 하늘 별과 함께 시를 쓰고, 피아노를

치는 예술적 감성을 소유한 여성으로 비밀 속에 감춰둔 사랑 이야기를 혼자 간직하고 관객과 대화한다. 오래 전 사랑에 대한 애칭, 죽도록 보고 싶지만 섣부르게 다가서지 못하고 멋진 남자 A의 '빛'을 멀리서 지켜보고 그리며 사랑을 지켜왔던 비밀이 밝혀지며…

소희 S(22세, 9월 가을, 여)
여성 사업가로서 돈을 많이 갖는 성공을 원하는 S. 하루 일상의 모든 것을 돈으로 환산하고 돈으로 상대를 평가하기도 한다. '돈'으로 치부되는 사랑의 가치관을 갖고 있고 태희와 그동안 만난 남자들을 대상으로 자기가 바라보는 좋은 남자, 이상적인 남자상에 대해 이야기 한다. 얼마 뒤 다시 나타난 소희는 실패의 모습으로 나타나는데… 세상의 모든 것은 돈으로 계산 가능하다는 소희는 남자들과의 물질 연애에 대해 이야기 한다. 모든 것을 '돈으로 환산'하는 인생의 가치를 갖고 있다.

빈이 C(21세, 8월 여름, 여)
맨손으로 가족 생계를 책임져야 했던 빈이는 전략과 모사로 인맥관리를 통해 일을 하는 예비정치인. 여자 대통령을 꿈꾸는 '빈이'는 프랑스의 대통령 부인 '카를라 부르니'가 이상형이다. 소희와 태희 사이에서 미래의 여성상에 대해 이야기하고, 과거의 여성상에 대해 강변하며 자기의 이야기 대신 남의 이야기를 통해 여자의 존재성을 표현한다. 아름다운 골프장 미녀골프단 리더 태희를 시샘하지만 자신의 아는 인맥을 통해 접근, 소희와 태희의 장단점을 이야기하며 우월한 위치의 자신을 내세워보는데 그러나 점차 빈이의 숨겨진 과거가 드러난다.

준 JUNE 멋진 남자 A(11월 가을, 남)
멋진 골프장의 경영주 2세. 골프장을 노리는 검은 돈의 공격에 맞서 어려운 골프장을 되살릴 이벤트를 기획하게 되고, '미녀골프단'을 만들어서 상금을 건 골프대회를 승자승 방식으로 연다. 미녀골프단을 모집하며 다섯 여자 '태희, 소희, 지애, 혜교, 빈이'를 선발한다. 미녀골프단의 명성이 알려지고, 골프장이 살아나기 시작하는데, 미녀골프단 중 골프장의 정보를 빼내기 위해 들어온 첩자가 있다는 정보를 듣게 되고, 미녀골프단을 의심하며 다섯 여자 가운데 범인을 찾기 위해 작전을 펼친다. 멋진 남자 A가 펼치는 다섯 여자 유혹하기와 다섯 여자가 펼치는 남자 A 관심 끌기가 동시에 시작되고, 남자와 여자의 서로 모르는 사랑쟁탈전이 시작되며, 남자 A가 미녀골프단 중 한 명과 사랑에 빠지게 된다. 그러나 또 다른 미녀골프단이 등장하며 골프장의 경영이 또 다시 위태롭게 되는데, '골프'와 '사랑' 사이에서 사랑하는 여인을 위해 결단에 서게 된다.

혜교 M(25세, 3월 봄, 여)

태희를 보는 따스한 시선을 가진 사람으로, 세상살이에 대해, 인생에 대해 책을 통해 이야기 한다. 많은 책을 읽었고, 많은 여행을 했으며, 인생에 있어 지름길보다 노력의 길을 제시하는 멘토. 취미는 약초 채집이며 여동생들이 아프거나 할 때, 여자의 잔병치레에 대해 특효약을 준다. 미녀골프단에 대해서 뭔가 알고 있는 듯, 빈이에게 편지를 남기는데, 빈이는 편지를 받고 놀라며 모종의 걱정에 휩싸인다.

지애 P(22세, 12월 겨울, 여)

가장 현실적인, 현실의 고단한 삶에 찌든 여인이다. 예기치 않았던 불의의 사고로 인해 행복했던 삶이 순간 나락으로 떨어진 '지애'. 인생은 꿈과 도전만 갖고서 이뤄질 수 없다는 좌절주의자이기도 하다. 그러나 미녀골프단에 들어와서 새로운 도전과 희망에 대해 이야기 시작하는 '지애'는 자신의 숨겨왔던 아픔에 대해 털어놓게 된다.

| 끝 |

5 시놉시스 만들기

필자가 기획, 극본과 제작을 담당한 드라마 콘텐츠를 통해서 아이폰으로 만드는 나만의 영화 또는 드라마 제작기획에 대해 알아보자. 본 단락에서는 TV에 방영된 드라마 콘텐츠의 시놉시스와 기획서를 통해 아이폰 영화제작을 위한 시놉시스와 제작기획서 작성에 대해 알아본다. 다음과 같은 형태의 시놉시스를 만들어 보자.

> 주 본 내용은 참조용으로만 사용하고, 제작자 자신만의 시놉시스와 제작기획서를 만들어 사용하도록 한다.

극본 빅터 리

해피하우스 패션브랜드 |콩나물| 특별 기획

〈 젊은 베르테르의 사랑 〉

시놉시스

- **제목** 젊은 베르테르의 사랑
- **형식** 30분 이내, 5부작
- **장르** 패션비디오 드라마
- **주제** 잃은 지 오래였던, 그러나 우리가 바라는 사랑!

- **기획의도**

독일 대문호 괴테의 소설「젊은 베르테르의 슬픔」은 1749년 태어난 괴테의 청년 시절 친구의 실화를 바탕으로 한 서간체 소설이다. 괴테가 25살 되던 해에 자신의 자전적 경험과 친구의 이야기를 담은 본 소설은 전 유럽으로 퍼져나가 사랑의 열병을 앓던 많은 젊은이들에게 권총 자살이라는 사회적 문제를 야기하기도 했던 작품이다.

2007년. 젊은이들의 사랑도 인스턴트식 사랑에 깊이도 없는 즉흥적 만남에 익숙해져가는 이 시대에 지난 수백 년 전 사람들의 감성에 열병을 안겼던 본 작품을 현대식으로 행복한 해피엔딩의 작품 〈젊은 베르테르의 사랑〉으로 재구성했다. 패션디자이너 현우, 수빈이 엮어가는 첫 만남부터 순수한 젊은이들이 사랑의 완성에 이르는 과정을 통해, 물질만능주의에 빠진 현대식 사랑 대신 깊고 순수한 서정적 아름다운 사랑 이야기를 전한다.

- **등장인물**

수빈 샤롯데(25세, 여)

'쇼핑몰'에 입점한 패션업체로부터 파견되어 근무하는 수습 디자이너. 패션디자이너로서 열정적이고, 최선을 다하는 성격. 미국 연수 시설, 기혁에게 도움 받았던 기억으로 기혁의 청혼을 받아들이게 되지만, 기혁의 숨겨진 음모가 드러나면서 수빈은 자신의 결정에 방황을 하게 된다.

현우 베르테르(29세, 남)

미국에서 활동하던 패션디자이너이자 '쇼핑몰'의 대주주. 신분을 감춘 채 '쇼핑몰 PB 브랜드'의 프리랜서 디자이너로 스카웃 된다. 사람과 패션에 대해 애정을 갖는 '현우'는 회사 주

최 파티에서 수빈(샤롯데)를 처음 만나 사랑에 빠진다. 수빈에게 사랑을 고백하지만, 이미 수빈은 쇼핑몰의 임원이자 차기 사장으로 유망한 기혁과 정혼한 상태.

기혁 알프레드(30세, 남)

맨손으로 유통기업 임원 자리에 오른 입지전적인 인물. 각종 전략과 모사로 출세길을 달려온 사랑으로 미국 도피시절 알게 된 수빈을 이용하여 아름다운 쇼핑몰의 임원으로 영입되게 된다. 쇼핑몰을 차지하기 위해 거짓 사랑과 철저한 음모로 일관하는 기혁의 앞날에 현우가 등장하면서 모든 계획이 차질을 빚게 되고, 수빈을 사이에 둔 현우와의 삼각관계에 빠지게 된다.

제희(25세, 여)

수빈과 같은 회사에 다니는 아동복 브랜드 디자이너. 우연히 만난 기혁에게 반해 남모르는 첫사랑을 기대하지만, 수빈과 결혼하기로 약속한 것을 알게 된 후 사랑을 갖지 못한 슬픈 역할이다.

소원(25세, 여)

쇼핑몰에서 일하는 판매사원. 수빈과 제희와는 고등학교 친구 사이. 그림이 취미가 있고, 자기의 이상형을 그리며 첫사랑을 기대하던 소원은 이상형 현우를 만나게 되고, 사랑이 온 것을 기뻐하지만, 수빈과 사랑에 빠진 현우의 마음을 알게 되면서 그들의 사랑이 이뤄지길 돕는다.

준기(29세, 남)

평범한 회사원으로 쇼핑몰에 입사한 현우의 친구. 현우와는 미국 어학연수 시절 만나서 친구가 되었고, 한국으로 들어와서 쇼핑몰에 입사 후 결혼계획을 세우고 노력하는 평범한 회사원. 우연한 사건으로 회사의 보안팀장이란 직책에 오르게 되고, 임원에게 잘 보여야 하는 샐러리맨으로 신중하고 소심한 성격.

찬수(32세, 남)

쇼핑몰 미국 법인의 이사 출신으로서 기혁의 음모로 자리를 빼앗긴 후 기혁을 의심하던 인물, 무명의 제보를 통해 기혁의 음모를 알게 된 후 한국으로 같이 귀국하여 쇼핑몰에 입사해 기혁을 계속 감시. 팀장2로 취업한 형사와의 공조로 기혁을 체포하게 되고, 쇼핑몰의 이사로 다시 돌아간다.

경비원 1, 2
'쇼핑몰'의 계약직 경비원

팀장 1(35세, 미혼)
경제적인 문제로 결혼을 늦추게 된 노총각. 사랑하던 여자와 헤어지게 되면서 기혁의 음모에 참여하게 된다. 쇼핑몰의 지분을 넘기고 한몫 챙겨준다는 말을 믿음.

기혁 운전 기사(36세, 중국인)
기혁과 중국 회사를 연결하는 연결책.

여자 1(29세, 미혼)
팀장 1과 결혼하려던 사이. 팀장1의 경제적인 상황 때문에 헤어진다.

보안팀장(38세, 남자)
기혁의 음모로 터진 사고로 인해 자리를 물러나는 평범한 직장인.

■ 줄거리

패션디자이너, Paris 스타일 찾다.

화려한 상품들, 잘 차려입은 쇼핑몰 손님들. 그 안에서 자기의 인생을 개척하는 열혈 패션디자이너 수빈이 있다. 아침을 거르더라도 끊임없이 패션 디자인을 구상하고 노력하는 노력파이면서 미국 유학을 다녀온 실력파이기도 한 수빈에게는 그녀를 사랑해주는 쇼핑몰 이사 기혁이 있다. 그녀의 단짝 친구 제희, 소원과 함께 저마다의 목표를 위해 열심히 살아가는 수빈 앞에 불현듯 운명적인 사랑이 나타난다. 미국에서 스카우트된 현우. 수빈과 함께 패션디자이너로서 일하던 제희는 어느 날 자기 차에 올라탄 남자, 기혁을 보고 운명적인 사랑을 예감하며 자기 자신만의 남모르는 사랑으로 가꿔가는데…

패션디자이너, 스타일 is Love.

수빈의 출근길. 다른 날과 같은 평범한 날에 운명적인 남자를 만나는 사건(?)이 터진 수빈. 실수로 자기의 서류를 놓쳐 잠시 걸음을 멈춘 사이, 현우가 지나치는 모습을 본다. 우연이려니 생각하고 있지만, 현우는 회사가 주최한 파티장에 다시 나타나고. 그동안 기혁의 정해진 사랑에 행복을 느끼지 못했던 수빈은 춤을 추는 현우와 사랑에 대해 공감을 하게 되고, 자신을 사랑해주는 현우를 두고 기혁과의 사이에서 방황하게 된다. 제희는 파티장에서 자기가 좋아했던 남자가 기혁이란 사실을 알고 슬픔에 빠지고, 소원은 자신의 이상향을 그리던 인물과 너무 같은 남자, 현우를 다시 만난 것에 들뜨기 시작한다. 기혁은 파티장에서 수빈과 춤을 춘 현우를 기억하며 남모르는 불안감에 휩싸이게 된다.

패션 & Show를 찾는 사람들

결국, 수빈과 현우는 기혁이 주최한 파티를 통해 만나서 사랑에 빠지는 아이러니한 상황이 전개되고, 소원은 현우 뒤를 쫓아가서 집을 알아두는 등, 몰래 사랑을 시작한다. 자기가 좋아하는 남자를 위해 예쁘게 차려입고 현우를 만나게 되고, 현우와 수빈은 우연히 만난 운명적인 사랑을 시작하며 둘만의 사랑에 고민하게 된다. 사랑하는 여인을 만났지만 현실적인 사랑이 이뤄지지 못할 상황. 꿈에서조차 수빈과 결혼하지 못하는 기혁은 현우에게 총을 겨누고 수빈을 찾기 위한 상황도 생각하지만, 현실은 언제나 기혁 편이 아니다.

I Love 패션, I Love U 하다.

수빈과 현우는 그렇게 아파하며, 둘만의 사랑을 애처로워 하는데…
현우와 수빈은 다시 만나 자신들의 사랑을 고백하고 이뤄질 수 없는 것을 말하며 마음 정리를 하려고 하나 오히려 둘의 감정을 알게 된 수빈과 현우는 더욱 뜨거운 사랑에 휩싸인다. 소원은 수빈과 현우의 이러한 사실을 알게 되고, 수빈과 현우의 사랑을 이뤄주기 위해 노력하는데… 수빈은 현실의 일을 어쩔 수 없이 받아들이고자 기혁과의 결혼식장으로 발걸음을 향하게 된다.

패션디자이너 & 우리들의 사랑에 대하여

세상 사람들이 모두 부러워하는 재력가 남자와 예쁜 여자와의 결혼식. 남들은 그들의 결혼을 부러워하지만 정작 기혁은 불안하고, 수빈은 슬프고, 현우는 수빈에게 다시 달려간다. 기혁과 수빈의 결혼이 끝나려는 순간 사고가 났다는 소식이 전해지고, 결혼식은 잠시 연기된다. 소동이 끝난 후 현우는 기혁을 찾아가 수빈에게 축하인사를 건네러 왔다고 전하고 다시 만나 뜨거운 입맞춤을 통해 서로의 사랑을 완성하게 된다. 둘의 사이를 눈치 챈 기혁은 자신의 계획이 수포로 돌아간 것을 깨닫고 거실에 보관하던 권총을 빼서 그들을 쫓아간다.

마침 소원이 기혁을 보고 수빈과 현우에게 먼저 이 사실을 알리게 되면서 수빈과 현우, 기혁은 한자리에 모이게 된다. 잠시 후, 기혁이 수빈을 향해 권총을 발사하는 순간 현우가 대신 맞으면서 기혁은 그동안의 범죄로 인해 수사당국에 체포되고 상황은 막을 내리게 된다. 현우는 어깨 관통상을 치료한 후 세계적인 패션디자이너로서 성공하게 되고, 수빈과 결혼하여 예쁜 아이까지 얻는다. 소원은 찬수와 결혼하여 알콩달콩한 사랑을 이뤄가고, 제희는 자기 패션 브랜드를 시작하면서 여류 사업가로 성공한다.

6 제작기획서 만들기

시놉시스를 만들고, 그에 따른 '제작기획서'를 만들어보자. 제작기획서는 1인 제작이 아니라 여러 사람이 참여하는 큰 규모의 작품일 때 작품에 대한 소개를 통해 제작비를 투자 받을 수 있는 서류이기도 하다. 1인이 기획, 극본, 제작하는 소규모 작품 뿐 아니라 여러 사람이 참여하는 대규모 작품을 만드는 경우도 준비하면서 제작기획서에 대해 알아두자.

표지

제작기획서 표지를 만든다. 만들고자 하는 작품의 제목, 제작기획서 작성자 이름과 작성일 등을 표시한다.

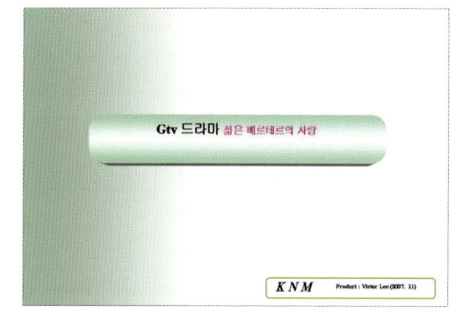

사이 페이지 넣기

제작기획서에 목록과 목록 이동 사이 페이지로 작품이 지향하고자 하는 바를 나타내는 문구를 삽입한다. 제작기획서의 각 목록을 이동하면서 신선한 감각을 유도할 수 있고, 작품에 대한 이해도를 높일 수 있다.

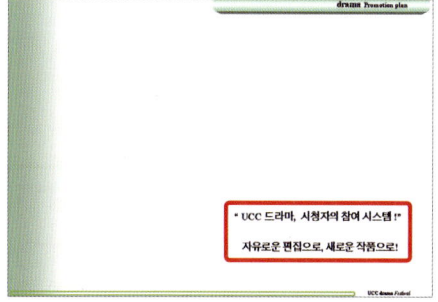

목차 넣기

제작기획서 목차이다. 목차는 제작기획서를 모두 작성한 이후에 작성하는 게 바람직하다. '목차'를 정하고 기획서를 작성하면 추가 목차가 있을 때마다 앞뒤로 오가며 내용을 수정해야 하기 때문이다.

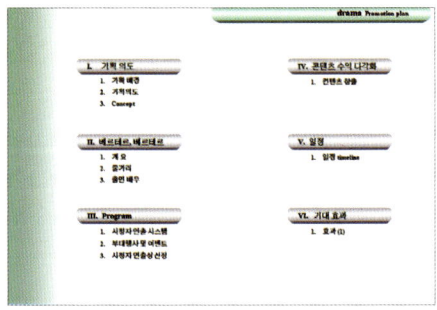

기획의도 넣기

작품을 만들고자 하는 '기획의도'를 적고, 작품을 왜 만들려고 하는지 이유와 그 배경에 대해 소개한다.

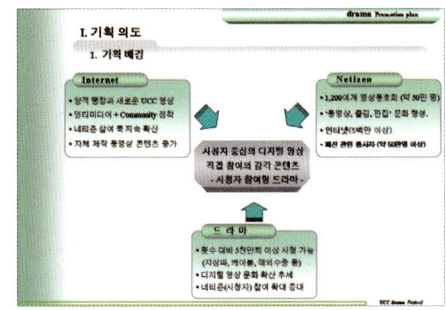

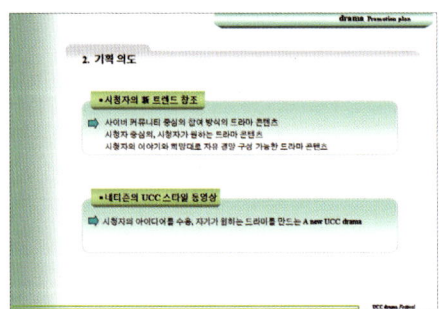

콘셉트 넣기

'콘셉트'를 적는다. 작품이 어떻게 제작되며, 어떤 방향으로 구성될 것인지 소개한다.

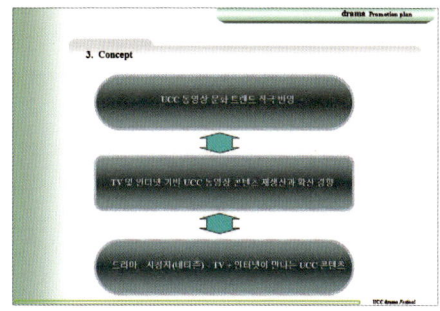

개요 넣기

'개요'를 적는다. 제목과 제작자·극본·연출자·작품구성에 대해 적는다.

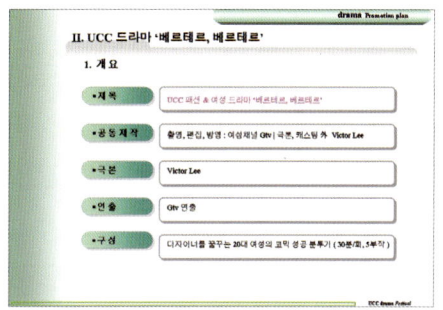

줄거리 넣기

'줄거리'를 적는다. 시리즈 드라마일 경우 각 회차마다 요약된 줄거리를 적는다. 전체 줄거리를 통해서 작품이 원하는 결과물이 어떤 것인지 소개한다.

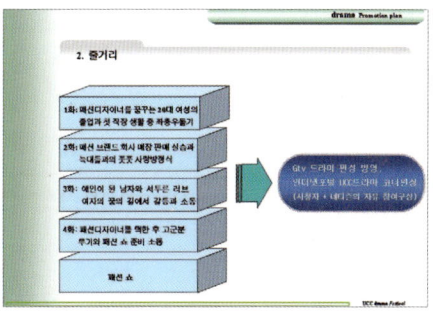

출연배우 넣기

'출연배우'를 적는다. 배우들의 사진과 약력 등을 간략하게 소개한다. '제작기획서'는 순전히 제작자에게 보이기 위한 기획서 서류이다. 따라서, 제작기획서만 보면 작품에 대해 모든 것을 알 수 있을 정도로 상세하게 적도록 한다.

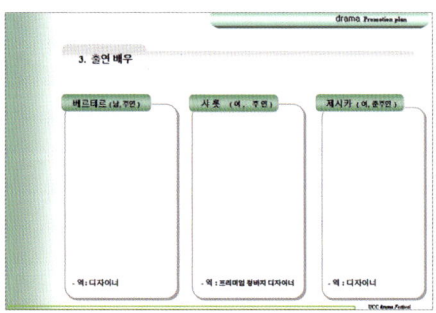

추가설명 넣기

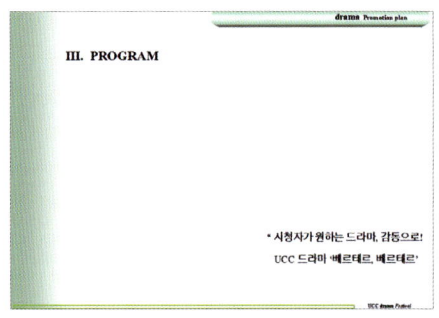

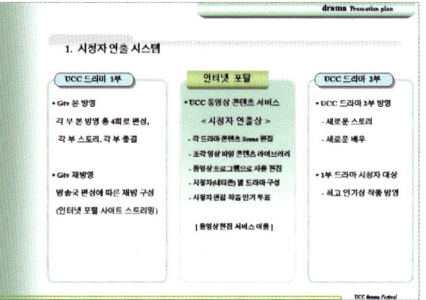

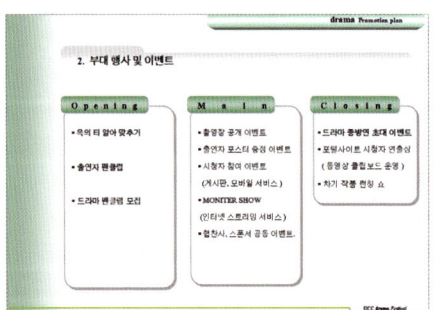

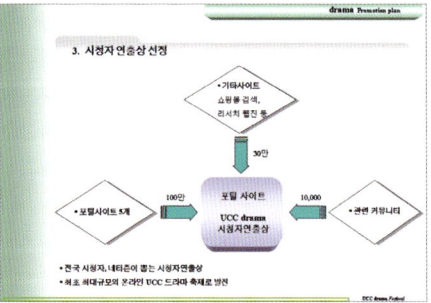

'제작기획서' 목차에 따라서 추가 설명해야하는 내용을 입력한다. 부연 설명을 하는 단계이다.

수익 넣기

작품을 통해 얻을 수 있는 '수익'에 대해 설명한다. 단 '기대 수익'에서는 미래의 수익이므로 정확한 수치 계산과 산정이 불가능하다. 따라서 수익발생 방법에 대해 상세하게 과정을 소개하고, 수익 금액은 정확한 근거에 의한 실현 가능성 있는 목표 수익으로 산정한다.

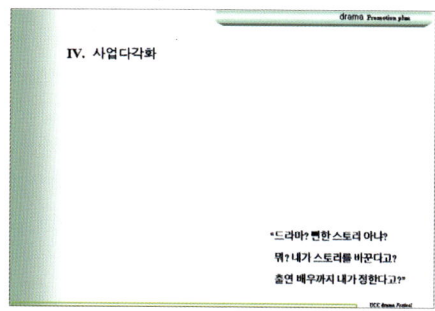

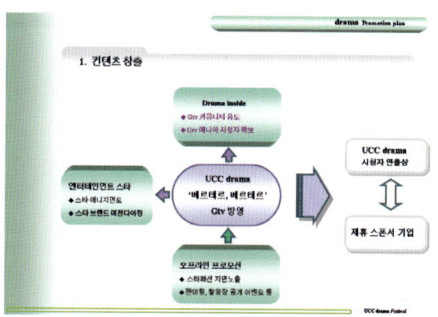

일정 넣기

'일정'에 대해 설명한다. 작품을 제작하는 일정에 대한 부분이다.

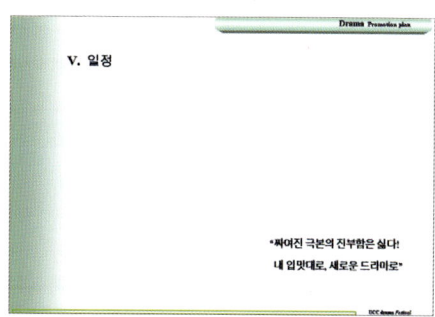

부가가치 넣기

작품제작에 제작자로 참여하게 될 경우 얻을 수 있는 '부가가치'를 설명한다. 앞서, 금전적인 수익금에 추가하여 그 외에 부가가치는 어떤 것들이 있는지 소개한다.

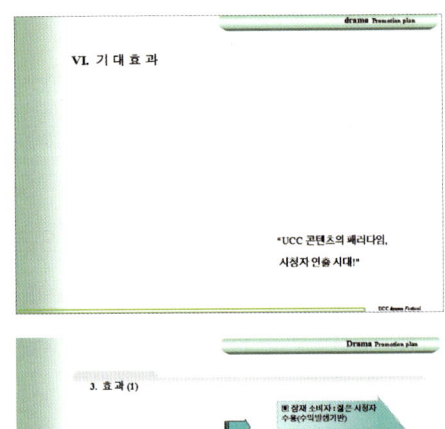

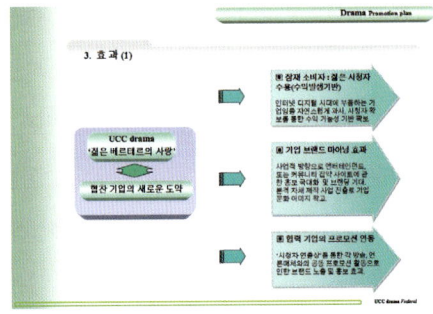

마무리 인사 넣기

제작기획서를 마무리 할 때는 항상 검토한 사람에게 전하는 '감사' 멘트를 적는다. 또한, 제작기획서를 만든 사람 또는 업체의 담당자와 연락처를 반드시 기재한다.

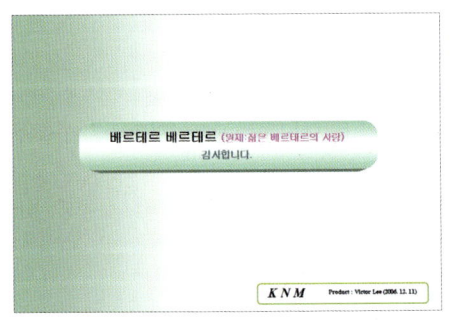

이상으로, 작품기획과 그에 필요한 과정에 대해 알아봤다. 아이폰 영화제작에 필요한 서류 업무에 대해서도 알 수 있는 기회를 가져보자. 1인이 만들 경우에야 그 사람의 머릿속에서 나오는 것이지만, 여러 사람이 만들 경우 각자의 머릿속에 있는 아이디어를 그 구체화시키고 문서로 정리하여 참여자 모두 공유하는 과정이 반드시 필요하다.

작품은 감독의 예술이라고 하지만, 감독은 작품제작에 참여하는 모든 이들을 통솔하고 지도하여 자신이 원하는 작품이 나오도록 리드할 책임이 있는 사람이다. 따라서 영화는 감독 1인의 작품이라는 말보다 많은 사람이 감독의 리드 하에 참여하여 만드는 공동의 작품이란 표현이 더 어울릴 것이다.

chapter 2 PRE-PRODUCTION
준비 단계

시놉시스와 시나리오가 준비되었다면 이제부터 해야 할 과정은 촬영 장소 헌팅과 배우들 캐스팅이다.
어디에서 촬영할 것이며, 촬영장은 결정되었는지 중요하다.
가령 시나리오를 토대로 영화를 촬영할 장소를 찾았는데,
사용자에게 미리 허락을 받아야 촬영이 가능한 장소도 있고 영화촬영이 불가능한 곳도 있다.
영화배우는 시나리오의 배역에 맞는 이미지를 우선적으로 찾는다.
영화가 완성되기 전에는 시나리오만으로 영화를 판단하게 되는데,
전체적인 영화 분위기를 고려해서 작품에 가장 잘 맞는 배우를 캐스팅해야 한다.

1 촬영 장소 섭외

촬영 장소는 시나리오를 바탕으로 여러 곳의 후보지를 선정하고, 감독과 시나리오작가, 촬영감독 등이 모여 최종 촬영지를 선정한다. 촬영 장소를 선정하면 사용 승인이 필요한 곳인지 미리 확인하고, 승인이 필요한 경우엔 사용자에게 반드시 서면으로 허락을 받아둔다.

주의해야 할 부분은 촬영을 허가할 경우, A라는 사람이 구두로 허락했던 장소였는데 촬영 당일 전체 인원이 다 모이자 다른 사람 B가 나오면서 촬영을 승인하지 않겠다고 하는 경우도 종종 있다. 대부분 촬영을 대가로 금전을 요구하는 경우도 있다. 촬영 장소에 대한 확인은 승인을 필요로 할 경우 반드시 서면으로 작성해두도록 한다.

2 배우 캐스팅

시나리오 배역에 맞는 배우를 찾는다. 영화계에서 신인 배우를 모집하는 곳은 몇몇 사이트가 많으나 가장 많이 알려진 곳은 '필름메이커스 www.filmmakers.co.kr'라는 곳이 있다.

영화배우를 캐스팅 할 때에는 제작자, 감독, 출

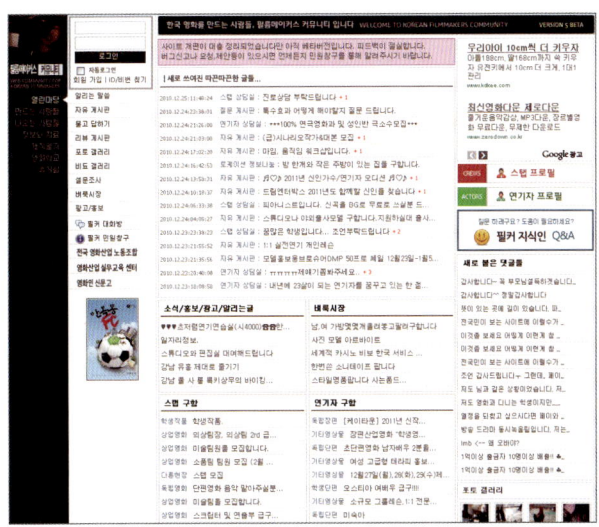

연료 등에 대한 내용을 자세하게 기입하여 공고를 올리도록 한다. 영화배우는 시나리오를 통해서 작품을 더욱 빛나게 해주는 역할이다. 다른 사람의 인생을 살아보는 배우로서 산다는 것은 배우들에게 큰 축복이고, 배우를 지켜보는 관객들에게도 큰 행복이다. 영화배우는 작품을 통해서 여러 인생을 포현해내고, 관객은 배우를 통해서 다른 사람들의 인생을 경험하기 때문이다.

배우모집 공고를 올릴 때에는 자세하고 확실한 내용을 공고하여 배우와 작품, 그리고, 작품을 볼 관객들과 만드는 스태프들에게도 최고의 작품이 되도록 하자. [나오는 사람들] 메뉴를 선택하고, 내가 만들려는 종류를 선택한 후 [쓰기]를 누른다. '독립단편', '독립장편', '학생단편', '기타 영상물'이 있다.

3 배우 이미지 미팅

배우들은 이미지IMAGE로 승부한다. 작품 속에서 만나는 배역의 이미지가 굳어지는 경우도 있고, 광고 덕분에 이미지를 얻기도 한다. 배우들에게 이미지란 매우 중요하다. 작품 속에서 만나는 이미지 그 자체가 배우들의 이미지로 굳어질 수 있기 때문에 배우들의 작품 선택도 신중하게 될 수밖에 없다. 그래서 배우들은 작품을 선택할 때, 시놉시스 또는 시나리오를 먼저 보고 자신에게 어울리는 배역인지를 먼저 고려하게 된다.

그럼, 신인 배우들은 어떨까? 신인배우들은 아직 아무 이미지도 없는 상태이기 때문에 상대적으로 작품보다는 프로필 사진으로 이미지를 보이게 된다.

> **TIP 프로필(PROFILE) 사진이란?**
>
> 프로필 사진이란 배우들이 배역을 맡기 위한 오디션을 위해 제작진에게 제출하는 자신의 이미지를 보이기 위한 연출된 사진으로써 섹시한 이미지, 순수한 이미지, 귀여운 이미지 등의 연출된 이미지 사진을 위해 준비한다.

영화제작자들은 배우를 가장 먼저 프로필 사진으로 만나게 된다. 우리가 TV와 텔레비전으로 보는 스타들은 굳이 다른 프로필 사진이 필요 없을 정도로 이미 알려진 사람들이 많지만 신인들의 경우 프로필 사진 제출이 필수적이다. 그러나 프로필 사진을 검토한 이후에는 반드시 실제로 미팅을 해야 한다. 프로필 사진의 단점 때문이기도 한데, 일부 신인배우들은 자신의 이미지 연출을 위해 실제 모습과 많이 다른 프로필 사진을 제출한다.

프로필 사진만 보고 캐스팅을 결정하게 되면, 나중에 실제 촬영장에서 만나서 촬영하려고 할 때 카메라에 비춰지는 모습이 많이 다른 배우들이 종종 있다. 그렇기 때문에 신인배우들은 반드시 실제 미팅을 해서 카메라 테스트도 해보고 목소리와 이미지의 연관성도 등을 체크해야 한다.

4 연기자 출연계약서

작품을 준비하면서 시놉시스와 시나리오를 준비하고, 촬영장 준비까지 완료했다면 그 다음 단계는 배우들 미팅을 하고 최종 마무리를 해야 한다.

배우들을 결정할 때는 종종 이야기로만 거래관계를 결정하는 구두 계약을 하는 일이 있는데, 그 대신 이메일이나 문서로 상대방과의 계약 조건을 협의하고 문서로 남겨두는 게 바람직하다. 나중에 분쟁 소지도 없을뿐더러 배우들의 경우 얼굴의 초상권, 이름의 상표권 등이 존재하므로 반드시 상거래에서 사용되는 계약을 해두는 게 좋다. 아래 팁에 '출연계약서' 샘플을 실었다. 계약서에 사용하면 좋은 기본 계약서 조항의 예를 알아두자. 본 계약내용은 참고사항으로 알아두고, 각자 협의에 따라서 합의된 내용으로 작성하도록 한다.

TIP 출연계약서 샘플

_____ **출연 계약**

_____(이하 "갑" 이라함)와 _____(이하 "을" 이라함)은 상호 신의와 성실을 바탕으로 _____(이하, _____) 출연에 관하여 다음과 같이 계약한다.

- 다 음 -

제 1 조 (목적)
본 계약은 "갑"이 _____를 제작 하는데 있어서 "을"이 출연함에 따라 필요한 조건과 절차, 권리와 의무에 관한 사항을 규정함을 목적으로 한다.

제 2 조 (신의성실)
1. "갑" 과 "을"은 상호 신뢰와 신의 성실에 입각하여 본 계약을 성실히 이행하여야 한다.
2. "갑" 과 "을"은 어떠한 경우에도 상대방의 명예를 훼손시켜서는 아니 된다.

제 3 조 (작품)
"갑"과 "을"의 쇼무비 출연 계약은 아래 작품을 대상으로 한다.
1. 작품 : "_____" (이하, '_____'라고 한다.)
2. 형식 : _____

제 4 조 (계약조건)
1. 촬영 횟수 :

2. 출연 방식 :

3. 촬영 시간 :

4. 완료 시점 :

5. 계약 조건 :

6. 지급 시점 :

제 5 조 (계약 기간)

"갑" 과 "을" 의 계약 기간은 출연료 지급 시점으로부터 발생한다. 단, 본 계약 기간 종료 이후에도 본 계약 조항 '제6조' 및 '제10조'의 효력은 계속 유지된다.

제 6 조 (계약 내용)

1. "갑"은 본 _____에 '을'이 출연함에 따라 출연료 지급을 담당한다.
2. "을"은 _____ 출연 및 연기에 필요한 관련 업무를 담당하기로 한다.
3. 본 계약에 의해 제작된 _____ 콘텐츠로서의 '을'의 초상권, 성명권 등 제반 권리는 "갑"에게 귀속되며 인터넷 사이트 등 분야 제한 없이 "갑"의 자율적 선택에 의해 공급되며, "갑"은 인터넷 이용자들에게 "갑"이 저작권 등을 소유한 콘텐츠에 대하여 '을'의 저작인격권 보호를 위해 출연 연기자 표시로 "을"의 이름을 기재하고, "을"은 인터넷 등의 이용자들이 자유롭게 다운로드, 업로드와 재편집 및 재게시 등이 저작인격권에 무관하게 자유롭도록 허용한다. 이로 인해 발생되는 "을"의 저작인격권 침해 등 기타 이의 제기를 "을"은 하지 않는다.

제 7 조 (제작비)

1. "갑"과 "을"은 각 맡은 바 업무에 준하여 스스로 지출하고 부담하는 것을 원칙으로 한다.
2. 사용 비용은 '갑'이 부담한다.

제 8 조 (권리와 의무)

1. "갑"과 "을"은 본 계약에 연관된 모든 사항을 상호 긴밀하게 협의 한다.
2. "갑"과 "을"은 본 계약과 관련된 일체의 내용을 제 3자에게 누설하지 아니한다.
3. "갑"과 "을"은 상대방의 업무에 차질이 발생하지 않도록 최선을 다한다.

제 9 조 (사진)

본 계약의 홍보 마케팅을 위하여 연관된 "을"의 사진 이미지를 "갑"은 홍보 업무를 진행한다.

제 10 조 (저작권 등 제반 권리)

1. 본 ____에 대하여 "갑"은 본 계약에 의해 제작된 _____에 대해 저작권, 저작재산권, 저작인접권 등 일체의 제반 권한을 소유한다.
2. "갑"과 "을"은 본 계약 관련 ____를 제작하는 과정에 알게 된 상호 정보(Content)에 대한 비밀 준수 의무가 있다.

제 11 조 (계약해지 및 책임)

당사자는 다음 각 항에 해당하는 경우 상대방에게 7일간의 기간을 정하여 시정을 요구할 수 있으며, 이에 상대방이 정당한 사유 없이 응하지 않을 경우 본 계약을 해지할 수 있고, 계약 해지에 따른 손해배상을 청구할 수 있다.

1. 당사자가 본 계약사항을 위반하였을 때
2. "갑" 또는 "을" 이 계약기간 내에 계약이행을 할 수 없다고 판단될 경우
3. "을"이 "갑"의 승인 없이 본 계약을 타인에게 위임 또는 양도했을 경우

제 12 조 (효력발생시기)

이 계약은 "갑"이 "을"에게 _____ 시점으로부터 효력을 발생한다.

본 계약을 증명하기 위하여 계약서를 ___부 작성하여 "갑"과 "을"이 한 통씩 보관하도록 한다.

20   년   월   일

갑

이름 _____ (서명)

주소 _____

주민등록번호 _____

연락처 _____

을

이름 _____ (서명)

주소 _____

주민등록번호 _____

연락처 _____

chapter **3** DOCUMENT
진행 서류

영화를 만드는 데 필요한 서류가 많다.
작품기획에 대한 작품기획서 뿐만 아니라 시놉시스,
시나리오도 영화제작에 필요한 서류의 종류에 속한다.
영화제작에 필요한 서류에 대해 알아두지.

1 대본 리딩

[대본 리딩] 과정은 출연을 결정한 배우들이 작가, 감독들과 함께 모여서 각자 맡은 역할에 대해 대본을 읽어보며 서로 호흡을 맞추는 과정이다. 이 과정에서 배우들끼리 어색함을 털어내고 친분을 다지기도 하며, 감독과 작가들이 배우들에게 필요한 연기 지도, 감정 설정을 알려주기도 한다.

대본리딩에는 제본된 시나리오가 필요하다. 그리고 각자 주어진 대본에 자신에게 필요한 감정처리·이미지·얼굴 표정·목소리 톤·동작·시선 처리 등의 다양한 연기 상황을 미리 적어두기도 한다. 따라서 대본리딩 과정에서 필요한 서류는 제작진이 준비해서 배우들에게 제공하는 서류가 아니라 배우들이 받아든 각자의 시나리오에 자기만의 내용을 추가하며 만드는 과정이다.

2 씬 설정표

시나리오에 따라서 촬영할 장소들이 결정되면 '씬SCENE 설정표'라는 서류를 만든다. 씬 설정표란 촬영날짜에 따라서 어떤 장면을 어느 곳에서 촬영한다는 구성표를 말한다. 씬 설정표에는 촬영일에 따라서 촬영 장소와 촬영할 배우들이 표시되고, 촬영에 필요한 소품이 표시된다. 씬 설정표에서 가장 중요한 부분은 씬과 씬의 연결 장면에 대한 표시이다.

A와 B장면이 서로 이어지는 장면인데, 오늘은 A장면을 촬영하고, 일주일 뒤에 B장면을 촬영하면서 한 주인공이 등장할 경우라면 A장면과 B장면에서 배우의상과 표정이 동일해야 하기 때문이다.

> **TIP** 현장 콘티
>
> 영화를 촬영하다 보면 '현장 콘티'라는 이야기가 있다. 필자가 설명하는 현장콘티란 글자 그대로 촬영 현장에서 결정하는 콘티를 말한다. 시나리오는 오로지 작가의 머릿속에서 나온 이야기인 까닭에 시나리오와 똑같은 장소를 찾아내기란 쉽지 않다.
> 가령 촬영장을 찾았는데 시나리오와 다른 장소일 경우, 감독이나 작가가 현장에 맞게 콘티를 다시 짜게 되는 일이 생긴다. 시나리오대로 촬영하는 게 아니라 현장에 맞게 다시 짠 콘티를 만들기 때문이다.

3 촬영 스케줄

씬 설정표 다음으로 촬영 스케줄표가 중요하다. 각 단계 별로 촬영날짜를 정한 서류로써 영화를 제작하는 전체 스케줄표가 있고, 촬영 업무만 따로 구분해서 촬영 스케줄표를 작성한다.

이에 비해서, 씬 설정표는 일반적으로 'S#'으로 표시되는 각 씬에 대해서 촬영소품과 배우들의 이동하는 경로, 씬에 필요한 출연배우 등에 대해 적는다. 전체 스케줄표가 있고, 여기에 촬영 스케줄표가 나오며, 다시 촬영 스케줄에 따라서 씬 설정표가 나온다.

TIP 영화제작필요서류 : 씬 구분표, 스크립트, 씬# 콘티, 로케이션

영화촬영에 필요한 서류에 대해 알아두자.

■ 인물 씬 구분표 (   )

S#	씬	장소	NO	배역	촬영 내용	소품

- 인물 씬 구분표는 배역 장면에 따라서 연기자 의상 및 소품, 대사, 촬영날짜를 체크한다.
- 장소 구분표로 변경하여 활용 가능하다. [인물]을 [장소]로 바꿔준다.

■ 스크립트

\#.   년 월 일 (오전, 오후) ~ (오전, 오후)   No.

S#		C#	SC			MDEN	S	O	L
카메라 & 사이즈 & 앵글			연기 & 시나리오						
배역 & 의상 & 메이크업									
카메라	캠			Slate			Sound		
	F.I	W.I	O.L	CUT	→	CUT	O.L	W.I	F.O
	T#		OK/NG		TIME		NOTE		R#
	1		NG/OK		' "				
	2		NG/OK		' "				
	3		NG/OK		' "				
	4		NG/OK		' "				
	5		NG/OK		' "				
	6		NG/OK		' "				
	7		NG/OK		' "				
	8		NG/OK		' "				
	9		NG/OK		' "				
	10		NG/OK		' "				

- 씬#   별 콘티
- 촬영일 :   년   월   일/ 촬영장 :

S#	CUT /

S#	CUT /

S#	CUT /

S#	CUT /

의상		소품		비고	

4 아이폰 영화, 칸영화제에 출품하자

내가 만든 영화를 국제영화제에 출품할 수 있을까? 프랑스 칸영화제에서 내가 만든 영화로 상을 받는다면 얼마나 행복할까? 결론부터 말하자면 '아이폰으로 만든 영화'를 국제영화제에 출품할 수 있다. 칸영화제에 작품을 출품하는 방법을 소개한다.

프랑스 칸에서 열리는 칸영화제Cannes Film Festival는 1946년 9월 20일부터 10월 5일 사이에 첫 회가 개최된 이후 매년 칸에서 개최된다. 2010년에는 5월 12일부터 23일까지 열렸고, 2011년에는 5월 11일부터 22일까지 개최될 예정이다.

아이폰 등의 스마트폰으로 만든 영화를 출품하려면 '칸영화제' 사이트에서 Submit a film 을 선택한다. 온라인으로 신청서를 작성하고, 신청서 하단에 기재된 주소로 영화작품을 보내면 된다. 칸영화제에서 심사위원들이 심사하고 선정된 작품들에게 연락을 주게 된다. 칸영화제에는 '경쟁 부문'과 '비경쟁 부문', '주목할 만한 시선 부문'으로 나뉘어 있는데, 전 세계에서 신청된 작품을 검토하는 심사위원단의 판정에 따라서 부문이 결정된다.

TIP 작품 출품 조건 안내(필자의 번역/요약본)

- 출품영화는 제작 국가를 기재해야 한다.
- 국제영화제에 출품된 적이 없는 작품이어야 한다.
- 인터넷에서 공개된 적이 없는 작품이어야 한다.
- 단편영화작품은 엔딩크레딧까지 포함하여 상영시간이 15분 이내여야 한다.
- 장편영화로 출품할 경우엔 60분 이상이어야 한다.
- 칸영화제에서는 15분에서 60분 사이 분량의 영화를 신청 받지 않는다.
- 출품신청은 영화제 2개월 전까지 접수되어야 한다.(2011년 영화제의 경우 2011년 3월 11일 전까지)
- 출품신청 작품의 비디오카세트, DVD 등은 55일 전까지 영화제사무국으로 도착되어야 한다.(2011년 영화제의 경우, 2011년 3월 15일까지)
- 개봉을 준비하면서 편집 중인 작품을 접수할 경우에는 편집본인지 완성본인지 반드시 기재한다.
- 영어 또는 프랑스어로 된 작품을 제외하고는 반드시 영어 또는 프랑스어로 자막을 넣는다.
- 미니DV, 8mm, 35mm, 그 외 어떤 영화촬영기기든 상관없이 아래 조건에 맞게 출품 신청되어야 한다.

■ **장편**
- HDCAM / HDCAM-SR
- Beta SP(Pal, NTSC) 또는 Digital Beta(Pal, NTSC)
- Blu-ray Disc + 1 standard DVD(만약 블루레이를 보낼 경우엔 DVD본을 같이 보내야 한다.)
- VHS(인코딩: Pal, Secam, NTSC)
- DVD(Standard)

■ **단편**
- VHS (인코딩: Pal, Secam, NTSC)
- DVD (Standard)
- 접수비 : 단편영화 – 무료
  - 장편영화 VHS, DVD, 블루레이디스크 – 50유로(세금 포함)
  - 장편영화 Beta(SP or Digital) – 150유로(세금 포함)
  - 장편영화 35mm 필름프린트 – 200유로(세금 포함)
  - 장편영화 HDCAM / HDCAM-SR – 350유로(세금 포함)
- 선정된 작품은 4월 중순 전까지 개별적으로 연락을 한다.

- 사무국 주소

  Film Department

  3, rue Amélie – 75007 Paris – France

  Tel. : +33 (0) 1 53 59 61 71

  Fax. : +33 (0) 1 53 59 61 24

  Email : laurent.rivoire@festival-cannes.fr

- 자세한 내용 참조 :

  http://www.festival-cannes.fr/en/festivalServices/officialSelectionPreselection.html

PART 2
만들기 아이폰으로 영화를 촬영해볼까?

Production
프로덕션

chapter 1
아이폰 카메라를 소개합니다

출처: http://www.apple.com/kr/iphone/gallery/#gallery01

아이폰 카메라의 구성과 특징에 대해 알아보자.
2010년 11월에 한국에 출시된 아이폰 4G를 통해 아이폰 카메라의 성능과 해상도를 파악하도록 하자.
아이폰 4G의 카메라는 앞선 버전의 카메라보다도 더욱 뛰어난 해상도와 화소를 자랑한다.
2010년 10월 국내에 아이폰 영화제까지 소화해내고 유명한 영화감독들에게까지 매력적인 존재로 다가선
아이폰 4G 카메라의 사양을 살펴보자.

아이폰 카메라의 구성

모델명	iPhone 4
메모리 용량	16/32GB
디스플레이	3.5 인치 레티나 / 960×640 도트
CPU	1Ghz A4칩 / 메모리 512MB
통신	802.11b/g/n(2.4GHz 전용) / 블루투스 2.1+EDR
카메라	500만 화소(이면조사)
720 비디오 촬영	○
외형 치수(세로×가로×두께)	115.2×58.6×9.3mm
무게	137g
연속 사용 시간(전화)	12시간(2G) / 7시간(3G) /
연속사용시간(인터넷:무선 LAN)	9시간
연속 사용 시간(동영상 재생)	10시간
연속 사용 시간(음악 재생)	40시간
대기 시간	300시간

아이폰 카메라의 특징

아이폰4G의 디스플레이를 생각해볼 때 경쟁 제품들의 경우 해상도가 다소 낮은 것이 지적 요소인데 반해서 애플社의 아이폰은 960×640의 184만 화소로써 HD급 화질을 자랑한다. 경쟁 제품 가운데 A의 경우 800×480이라면 DVD급의 76만8천 화소로써 SD급 화질 정도이다.

아이폰4G가 자랑하는 326dpi의 레티나 디스플레이는 인쇄한 300dpi급의 선명함에 비추어서 거의 차이점이 느껴지지 않는다.

아이폰 카메라는 이면조사 센서[BSI]를 사용하면서 고감도 화질로 대폭 향상되었다. 이면조사 裏面照射 란 카메라의 CMOS센서가 빛을 더 많이 받아들이도록 만든 방식을 말하는데, 글자 그대로 뒷면에서 빛을 비춘다는 뜻이다.

아이폰4G 카메라를 동영상(비디오) 기능으로 사용할 경우에도 1280×720, 30 프레임의 HD급 영상을 촬영 가능하다. H.264/Mpeg 모두 가능하다. 또한 아이폰에는 내장 플래시 기능으로 동영상 촬영용 LED 라이트를 장착하였다.

아이폰은 아이폰5, 아이폰6로 이어질 수 있는데, 각 제품의 성능을 알아두어 영화만들기에 활용하도록 하자.

chapter 2
아이폰 카메라로 영화를 찍어보자

아이폰 영화촬영을 시작해보자.
캠코더 대신 DSLR 대신 디지털카메라 대신 오로지 스마트폰 한 대,
아이폰 한 대만 있으면 동영상 촬영이 충분하다.
아이폰으로 동영상을 찍어서 인터넷에 UCC 동영상으로 올리고,
내 미니홈피, 블로그에도 올려서 친구들에게도 뽐내보자.
유학생활 현지에서 생활을 촬영해도 좋고, 내가 다니는 학교, 내가 다니는 식당, 내가 자주 가는 장소도 좋다.
내 주위 모든 것이 내가 만드는 동영상의 좋은 소재가 될 수 있다.
친구들과 만난 즐거운 생일 파티에서,
입학식과 졸업식에서 동영상 촬영은 이제 아이폰 한 대만 있으면 된다.
해외여행을 떠났다면 아이폰 한 대 들고 떠나서 현지 풍경을 담아보자.
여행의 추억이 영원토록 저장된다.

아이폰4G 영화제가 열렸다. 아이폰4G로만 영상을 찍고, 편집까지 한 영상작품을 모아 상영했다는 뜻이다. 이에 호응하듯 국내 영화감독들 가운데에는 아이폰으로 영화 촬영할 시대가 온다고 주장하는 분들이 나오기에 이르렀는데, 여기저기서 아이폰으로 영화 촬영하는 데 관심을 두는 모습이다. 아이폰4G로 영화 만들기, 과연 얼마나 가능할까?

아이폰 카메라로 촬영하고, 아이폰 어플리케이션으로 편집하는 영화, 720p까지 구현한 아이폰4G 영상기능은 올해 말 정도엔 HD급 촬영까지 가능하게 될 전망이라고 한다. TV드라마 촬영부터 극장 스크린까지 가능할 정도라는 것이다.

필자가 알아본 결과, 현재에도 특정 기기를 사용하면 80인치 정도의 영상 시청이 가능하긴 하다. 프로젝터와 모니터 등을 연결하고, 아이폰 영상을 재편집하면 그렇다는 이야기이다. 얼마 전 끝낸 아이폰으로 만든 영화 〈슬리퍼〉를 편집하고 해외영화제 출품을 준비하면서 조사한 자료이다.

아이폰 영화제작 및 가능성에 대해 공감한 사람들이 많아서였을까? 아이폰4G 영화제에 참여한 영화감독들 면면을 보니 〈신데렐라〉 봉만대, 〈마린보이〉 윤종석, 〈작전〉 이호재, 〈남극일기〉 임필성, 〈말아톤〉 정윤철. 촬영감독으로서는 〈호우시절〉 김병서, 〈달콤한 인생〉 김지용, 〈친절한 금자씨〉 정정훈, 〈거북이 달린다〉 조용규, 〈마더〉 홍경표, 〈초록물고기〉 조감독 출신 아트디렉터 이현하, 서태지 뮤직비디오로 유명한 홍원기 뮤직비디오 감독 등이다. 영화를 아는 감독들이 아이폰으로 영화 촬영에 나섰다는 점은 시사하는 바가 크다.

아이폰4G 영화촬영, 과연 기성 영화인들이 참여할 정도로 전망 밝고 앞으로 영화 현장에서도 아이폰이 등장할까? 기존의 전문가들이 참여해서 아이폰으로 촬영한 영화, 극장에서 상영하면 관객들이 들어갈까? 인터넷 UCC와 다른 점이 무엇일까?

1 아이폰 촬영 시 고려할 점

아이폰 영화촬영, 필자가 국내 최초로 촬영한 노하우를 바탕으로 짚고 넘어갈 부분을 소개한다. 아이폰으로 영화 촬영 시 고려해 해결방법을 찾아야 할 사항들이다.

배터리 문제
아이폰 카메라로 촬영을 해본 결과 3~4시간 촬영했더니 배터리 경고등이 들어왔다. 아이폰 영화 촬영 현장에는 반드시 충전된 보조배터리 수십여 개가 있던가, 전원코드선 옆에서 찍어야 한다. 필자의 경우 야외 촬영을 몰아서 찍고, 배터리 충전 겸 실내촬영을 진행했다. 촬영장 주위 카페 등의 장소에서 배터리 충전은 필수이다.

영화배우들, 연기자들의 어색함
최소한의 장비라 해도 붐마이크, 조명, 6㎜ 카메라 정도는 앞에 두고 연기하던 연기자들에게는 아이폰만 있는 환경에서의 연기가 낯설다. 때문에 연기가 이따금 앵글 밖으로 빠진다. 영화배우로서 현장 분위기를 좋아한다던 모 배우, 아이폰 하나 딸랑 들고 바로 앞에서 촬영하는 내내 앵글 안에선 약간의 어색함, 기운 빠짐 표정이 스쳐 지나간다.

줌인, 줌아웃 기능
기존 영화 카메라들은 줌인, 줌아웃이 된다. 달리 위에서 카메라를 밀며 배우를 따라가기도 하고 지미집 같은 기기로 역동감 높은 장면을 촬영할 수 있다. 그런데, 아이폰은 줌인 줌아웃은 물론이고 다양한 각도 연출이 쉽진 않다. 손에 들고 찍다보니 손 떨림이 자주 드러나고, 삼각대라도 받쳐 놓고 찍자하니 모양새가 좀 빠진다.

야간촬영의 어려움

어두운 장소에서 촬영이 쉽지 않다. 자동 초점 기능으로 화면을 터치해주면 일정 부분 밝아지긴 하지만 그마저도 쉽진 않다. 아무리 자동조절 기능이 좋다고 하더라도 한계가 있다. 먹통이 된다는 뜻이다. 필자가 나이트클럽 장면을 촬영한 오른쪽 영상을 참고하도록 하자.

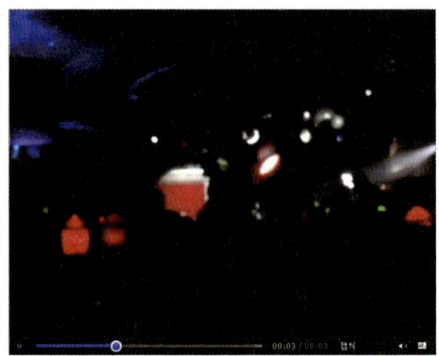

화면 앵글 부적합

위 영상에서 볼 수 있듯 4:3 또는 16:9 등의 영상 화면 폭 비율과 극장 스크린 비율이 맞지 않는 경우가 생긴다. 아이폰3Gs는 300만 화소, 아이폰4G의 경우 500만 화소라고 하는데, 일반적인 영화 촬영용 카메라보다 높은 화소이긴 하지만 화면 비율 등 해결해야 할 문제가 많다.

다양한 편집은 영상편집 프로그램을 사용해야

아이폰에서만 편집하고 자막 넣기 등의 다양한 시도를 해보는 것도 좋다. 그러나 머릿속에 드는 생각은 소니베가스, 프리미어 같은 편집툴로 편집하는게 훨씬 다양하고 편하다는 느낌이다. 윈도 안에 있는 무비메이커 같은 기능으로 해결 못하는 영상표현욕구가 있지 않은가?

아이폰 영화라고 해도 인터넷에서 상영하기에 어려운 현실

아이폰으로 영화를 찍어봤더니, 45분 분량 영상은 532MB 용량이 되었다. 화질을 최대한 보존했을 때 용량이다. 그런데 이 용량을 인터넷에서 올릴 공간 찾기가 어렵다.

유투브? 10분 이내의 동영상으로 제한된다. 요즘 생방송 서비스를 테스트 중이라고 하니 변화가 있을진 모르겠다. 그 외 동영상 서비스 사이트를 줄곧 헤매다보니 30분 이내 영상, 100MB 이내 영상 등으로 제한된 곳이 대부분이다. 트래픽 문제 때문에 서버 과부하를 염려해서 제한을 두는 것은 당연하다. 그런데, 화질을 보존하길 원하는 감독 입장에서 지극히 답답한 부분이기도 하다.

직접 서버를 갖추고 영화 사이트를 만들어서 상영하자니 그 비용이 어마어마하다.

아이폰으로 영화 촬영, 사실 직접 해보니까 너무 재미있는 것은 사실이다. 촬영장 세팅에 시간·비용·노동 비용이 극소화 되고 상대적으로 높은 화질에 만족하게 된다. 아이폰으로 만든 영화, 위에서 언급한 부분만 채워진다면 앞으로 영화현장을 대체할 가장 강력한 무기가 될 것이다.

2 실외 촬영하기

조명기구 없이 아이폰 한 대로 가능한 동영상 촬영 방법에 대해 알아보자. 어렵게만 생각되던 동영상 촬영, 이제 아이폰 한 대면 충분하다. 실외에서 촬영할 때 가장 중요한 부분은 조명LIGHT이다. 햇볕이 좋은 아침과 낮, 그리고 저녁 무렵과 밤 시간대에 촬영에서 무엇보다도 중요하게 생각해야할 부분은 조명이다. 일반적으로 '자연조명'이라고 부르는 빛의 세기를 활용해서 멋진 동영상을 촬영해보자. 동영상 촬영할 때 주의해야 할 부분에 대해 알아본다.

> 주 본 단락에서 예로 든 영상은 동영상에서 정지영상을 추려낸 장면이다. 따라서 일부 초점이 흐리거나 촬영 영상의 색감이 제대로 표현되지 않을 수 있음을 염두에 두자. 단 여기에 소개된 영상 장면들은 필자가 직접 촬영한 것으로 아이폰 카메라로 다양한 조건 하에서 시도한 촬영 영상들이다. 아이폰 카메라를 활용한 동영상을 만들 때 나타나는 효과를 대략 가늠해보는 기회로 삼자.

밤 시간대에 움직이는 자동차 촬영

달빛도 구름에 가린 상태에서 시내 도로를 주행하는 차량을 촬영한 장면이다. 거리 가로등과 도로를 주행하는 차량의 불빛 역시 카메라에 선명하게 잡히진 않는다. 초당 30프레임으로 구성되는 동영상이지만 조명의 한계는 있다.

촬영 영상에서 뿌옇게 흐려지는 단점을 줄이기 위해서는 움직이는 물체와 최대한 같은 속도로 아이폰을 움직이며 촬영을 하도록 한다.

흐린 오후 시간대에 정지물체와 움직이는 사람들

예로 제시한 영상은 아이폰을 정지물체와 근거리에서 서로 마주 보게 들고 5~10도 정도 위로 들고 촬영했을 때 장면이다. 전체적으로 화소가 선명하지 못한 결과를 만든다. 흐린 날 오후 시간대에 인파가 분주한 거리에서 정지 물체를 촬영하는 방법이다. 이럴 경우에는 아이폰을 위에서 아래로 들고 정지물체를 촬영하자.

밤 시간대, 거리에서 실내로 들어갈 때

거리 가로수가 조명인 곳에서 촬영하다가 이어서 실내로 진입하는 장면을 촬영할 때이다. 아이폰 카메라는 조명과 초점을 자동으로 맞춰주는데, 이동 촬영 시에는 카메라의 자동조절 기능 속도가 반응이 느리다는 점에 주의하자.

카메라에 갑자기 많은 빛이 들어오면서 촬영 대상 배경 영상은 뿌연 이미지로 바뀌고 만다. 이 영향으로 촬영 대상조차 초점이 흐려진다. 촬영방법으로는 최대한 촬영대상에게 근접하여 주위 조명이 카메라에 들어오지 않도록 해야 한다.

밤 시간대, 도로 주행 차량들의 라이트와 정지 물체 촬영

달이 뜨기 전, 도로에 차량들의 라이트 조명이 있을 때 실외에서 정지 물체를 촬영하는 방법이다. 제일 강한 조명으로 차량들의 조명이 카메라에 영향을 끼치기 때문에 영상의 전반적인 분위기에 영향을 준다. 영상도 전체적으로 초점이 흐리게 되는데, 움직이는 차량의 조명이 정지 물체 촬영에 영향을 끼쳐서 발생하는 결과이다. 이 시간대에 촬영은 최대한 차량 조명을 배제해야 하는데 차량이 없는 방향으로 촬영하거나 차량 조명을 등지고 카메라를 아래에서 하늘로 향하게 들고 촬영하는 게 좋다.

흐린 오후, 달리는 차량에서 거리 풍경 촬영

달리는 지하철에서 주변 풍경을 촬영한 장면이다. 카메라의 초점은 먼 곳에 맞춰지고 근거리 영상은 짧은 속도로 지나가면서 뚜렷하게 보이질 않는다. 지하철의 실내조명으로 밖의 풍경을 촬영할 때 발생하는 영상이다. 이럴 경우엔 되도록 늦

은 오후 시간이나 저녁 무렵 촬영을 삼가도록 한다. 실내조명이 약간 어둡더라도 밖의 자연조명이 밝을 경우 영상은 깔끔하게 나온다.

밝은 날씨에 차에 타고 촬영한 영상이다. 확연한 차이를 느낄 수 있을 것이다.

흐린 날, 많은 사람 촬영하기

흐린 날씨에 시내에서 많은 사람들을 촬영한 장면이다. 움직이는 영상이 아니라 움직이는 사람들의 순간 정지영상을 예로 들어서 초점이 흐른 부분은 크게 개의치 않을 수 있다. 그러나 카메라의 조명이 얼마나 중요한지 알게 해주는 장면이라서 골라봤다.

같은 장소에서 정지 영상이다. 움직이는 사람들의 순간 영상은 그나마 초점이 나아졌지만 가까이 있는 사람들을 촬영한 장면도 영상이 정확하지 않다. 흐린 오후, 많은 인파를 촬영할 때에는 시간대를 최대한 짧게 해서 전체적인 느낌 전달을 위한 영상으로 촬영하는 게 바람직하다.

밤 시간대, 많은 사람들 촬영하기

인파가 북적이는 동대문시장 거리에서 오고 가는 사람들을 촬영한 영상이다. 카메라에 들어오는 빛은 상가건물의 조명이 전부였기 때문에 영상이 전반적으로 어두운 분위기를 나타낸다. 실제 거리 현장 분위기는 활기차고 왁자지껄한 상황

이지만 조명의 부족으로 영상으로 느껴지는 분위기는 다소 어두운 장면이 연출된 것

이다. 이런 경우, 카메라 촬영은 오고가는 인파보다는 조명이 밝은 곳에서 움직임이 적은 사람들을 촬영하는 게 바람직하다. 카메라에 최대한 조명을 확보해야 의도했던 느낌이 전달될 수 있다. 조명이 밝은 곳에서 사람들을 촬영했다. 현장의 분위기도 거의 비슷하게 연출되었다.

밤 시간대, 네온싸인 건물 촬영하기

어두운 밤 거리에서 네온사인이 휘황찬란하게 빛나는 건물을 촬영한 장면이다. 아이폰 카메라로 조명을 촬영할 때는 조명이 무조건 밝다고 좋은 건 아니란 걸 확인시켜주는 순간이었다. 조명이 시시각각 바뀌면서 형형색색으로 변하는 순

간이 많은데 카메라는 조명을 일일이 따라가질 못했다. 원거리에서 빛이 바뀌는 시간이 카메라에 전달되는 거리와 카메라가 반응하는 시간의 차이가 있는 까닭으로 판단된다. 단, 스크린이나 액정화면에서 움직이는 영상으로 볼 때는 큰 무리가 없이 형형색색으로 빛나는 장면이 표시된다. 다만 네온싸인이 변하면서 채도와 명도가 다른 조명이 변할 때 카메라 영상엔 어두운 곳에서 밝은 곳으로 들어갈 때와 마찬가지로 뿌연 장면이 연출된다. 이 경우 최대한 움직이지 말고 한 장소에서 같은 건물을 촬영하고, 나중에 편집할 때 느낌이 괜찮은 영상만 따로 편집해서 사용하는 게 좋다.

오후 시간대, 움직이는 사람 속에서 움직임 속도가 다르게 촬영하기

카메라의 초점이 중요한 순간이다. 카메라는 가까이 있는 사람에게 초점이 맞춰진다. 이 장면은 3단 구조로 사람들의 움직임 속도가 다른 영상인데, 제일 가까이 있는 사람들에게 먼저 초점이 맞춰지고, 이들이 움직이면 가운데 위치한 사람에게 초점이 맞춰진다.

단점은 자연조명을 사용하기 때문에 주변에 자동차라든지 거울, 또는 반사되는 물체가 있으면 안 된다. 사람들 옆으로 자동차가 지나가거나 금속성 물체가 있을 경우 카메라의 위치에 따라서 빛이 분산된다. 촬영 방법으로는 카메라를 고정시키고 1단계, 2단계 사람들은 움직임을 최소화 상태로 두는 것이다.

어두워지는 시간대에 조명이 있는 곳과 없는 곳에서 촬영하기

조명이 있는 곳과 없는 곳이 맞물린 장소가 있다. 이 경우엔 조명이 카메라에 영향을 많이 주기 때문에 조명이 없는 곳의 분위기 역시 영향을 받는다. 영상을 보는 사람들의 시선이 조명으로 향하기 때문에 조명 없는 곳의 분위기 전달이 충

분하지 못하다. 조명이 없는 곳을 촬영할 때는 최대한 빛을 차단하고 조명이 없는 상태 그대로 촬영하는 게 좋다. 카메라에 조명 조정 기능이 있어서 어느 정도 어두운 장소는 카메라가 자체 조명을 넣어준다. 위 영상은 사람의 시야로 볼 때 거의 어두워진 상태에서 촬영한 것으로, 기차길 장소는 카메라의 조명 조정 기능이 작용한 결과이다.

촬영 대상의 움직임을 예측할 수 없는 촬영하기

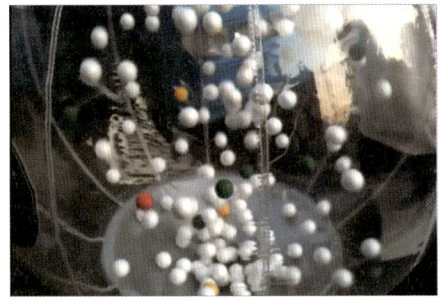

대개의 경우 카메라 촬영은 대상의 움직임을 따라서 카메라도 움직이게 된다. 촬영대상의 움직임을 미리 파악하고 카메라가 움직여서 영상에 담아내는 것이다. 그래서 움직임을 예측할 수 없는 경우 카메라는 풀샷 FULL SHOT 으로 멀리 떨어진 상태로 촬영을 하곤 한다. 이 경우는 그나마 카메라를 작동하는 사람이 인위적으로 초점을 조절할 수 있을 경우이다.

아이폰 카메라는 인위적인 초점을 주기가 극히 제한적이기 때문에 움직임을 예측할 수 없는 물체를 촬영할 경우엔 초점이 흐려지는 단점이 있다. 영상으로 볼 때는 큰 차이점을 느낄 수 없지만 그렇더라도 이따금 화면이 흔들리는 것까지 막을 순 없다. 이 경우엔 최대한 카메라가 멀리 떨어져서 촬영해야 한다. 처음엔 가까이 촬영하다가 점점 멀어지는 방법도 좋다. 아이폰 카메라는 처음에 작은 공들에게 초점을 맞추지만 카메라가 멀리 떨어질수록 투명한 풍선기계에 초점을 맞추게 된다.

촬영 대상이 움직이지 않을 때 촬영하기

건물을 촬영하는 장면은 다른 경우에 비해서 상당히 쉬운 촬영이다. 단, 카메라를 움직일 때 최대한 초점 조정 속도에 맞춰서 흔들리지 않게 움직이는 기술이 필요하다. 촬영방법은 카메라 움직임 속도를 결정할 때, 지켜보는 사람이 느끼지 못할 정도로 느리게 한다. 카메라 움직임을 느리게 할수록 전체적인 영상의 흐름이 부드럽게 된다.

자연조명으로 촬영하면서 흐린 날씨 또는 밝은 날씨이건 정지영상을 촬영하는 조건은 같다. 최대한 카메라 움직이는 속도를 느리게 촬영하도록 한다.

춤추는 인형 촬영하기

흐린 날씨에는 색감이 뚜렷한 대상을 촬영하는 게 좋다. 특히 인형·그림·거리 광고물 등이 좋다. 날씨가 흐릴 때에는 최대한 밝은 옷을 입고 촬영에 임하도록 한다. 카메라 영상으로 볼 때도 초점도 잘 나오고 촬영 대상에게 집중되는 시야 확보도 쉽다.

정지 물체에 근접 촬영하기

아이폰 카메라는 뛰어난 해상도를 지녔다. 게다가 근접 촬영 시에는 상세한 질감까지 표현해낸다. 움직임이 없는 정지 물체에 근접 촬영을 할 경우 조명의 영향에 크게 상관없이 좋은 영상을 얻을 수 있다.

실외 같은 실내에서 촬영하기

촬영을 할 때에는 여러 장소가 있는데 실내와 실외가 구분하기 어려운 곳도 많다. 가령 야구장도 그렇고, 실내스케이트장 같은 곳도 그렇다. 실내라고 보기엔 규모가 커서 실외에 더 가까운 곳을 말한다. 실외 같은 실내에서 촬영 할 때에는 조명의 영향력이 매우 크다.

위에서 설명한 바에 따르면 조명이 있는 곳과 없는 곳에서 촬영할 때 최대한 조명을 등지고 조명이 없는 곳을 촬영해야 하는 것인데, 지상으로 올라온 지하철역 같은 곳은 마땅히 조명을 가릴 상황도 안 되는 곳이다. 이 경우 촬영은 카메라와 촬영대상의 거리감에 신경 써야 한다. 가령 지하철역으로 들어오는 지하철을 촬영한다면, 지하철역내에서 지하철역으로 진입하는 차량을 먼저 촬영하고 이어서 카메라 근처에서 정지하려는 차량을 촬영하는 방식을 택한다.

중간 과정을 없앰으로써 영상처리를 깔끔하게 할 수 있고, 최대한 조명 영향을 받지 않고 영상을 선명하게 담아낼 수 있다.

밤 시간대, 정지물체 사이로 조명 풍경 촬영하기

밤 시간대에 가로수 사이로 흐르는 조명을 보면 아름답다. 조명과 가까운 곳부터 점점 멀어질수록 가로수 잎에 반사되는 빛의 세기가 점점 옅어지는 모습도 훌륭하다. 이 경우엔 카메라를 움직이지 않고, 정지한 상태에서 촬영하는 게 중요하다. 카메라를 움직이게 되면 가로등 불빛이 가로수에 반사되면서 아름다운 가로수도 뿌연 정체불명의 대상으로 변모하고 만다.

카메라를 움직이지 말고 고정된 자리에서 가로수를 촬영하도록 한다. 가로수가 아닌 사람을 촬영할 때도 마찬가지이다. 카메라를 고정시켜 놓고, 카메라 앵글 안에 사람이 들어와서 촬영이 이뤄지도록 한다. 가로등 같은 조명은 사람의 등쪽으로 위치시켜서 빛의 세기가 카메라에 전달될 때 점차 옅어지는 효과를 주도록 한다.

여기까지 실외에서 촬영할 때 주의해야할 부분을 알아보고, 각 경우에 따른 아이폰 카메라 촬영 노하우를 소개했다. 실외에서 촬영할 때 가장 신경 써야 할 부분은 '조명'인데, 방송이나 영화계 쪽 일을 하지 않는 일반인들이 조명기구 없이 아이폰 한 대로 촬영할 수 있는 방법이다. 위 사례는 직접 필자가 경험한 노하우로써 실외에서 밤과 낮, 맑은 날과 흐린 날 모두 아이폰 카메라 한 대로 촬영이 가능하다.

3 실내에서 촬영하기

실내에서 동영상 촬영하는 방법에 대해 알아보자. 실내 촬영은 무엇보다도 조명의 영향을 많이 받기 때문에 실외 촬영에서보다는 촬영 영상의 품질이 뛰어나다. 다양한 조명 종류에 따른 촬영 방식을 익히고 나만의 멋진 동영상 만들기에 도전해보도록 하자.

실내 촬영 시에 알아둬야 할 점은 다양한 조명 조건 하에서 어떤 영상 느낌이 나오는가에 관한 것이다. 실외 촬영에서는 지극히 제한되고 의도하지 않은 조명에서 촬영할 때 신경 써야 할 점이 필요하지만 실내 촬영에서는 다양한 조명 효과를 의도할 수 있는 까닭에 여러 조명 조건 하에서 연출되는 영상을 보고, 자기만의 영상 촬영 방식을 만들어 보는 게 중요하다는 뜻이다.

> 주 본 단락에서 예로 든 영상은 동영상에서 정지영상을 추려낸 장면이다. 따라서, 일부 초점이 흐리거나 촬영 영상의 색감이 제대로 표현되지 않을 수 있음을 염두에 두자. 단 여기에 소개된 영상 장면들은 필자가 직접 촬영한 것으로 아이폰 카메라로 다양한 조건 하에서 시도한 촬영 영상들이다. 아이폰 카메라를 활용한 동영상을 만들 때 나타나는 효과를 대략 가늠해보는 기회로 삼자.

인물과 정지 물체 촬영

아이폰 카메라를 사용해서 인물과 사물을 동시에 촬영할 때 상황이다. 조명은 실내 형광등 조명이다. 갈색 의상을 입고 흰색 책상 위에서 컴퓨터 모니터의 밝은 조명을 대상으로 촬영할 경우, 흰색 벽면이 인물 의상에 영향을 받아서 약간 어두운 베이지 톤의 색으로 나타난다. 카메라가 인물을 먼저 촬영하면서 컴퓨터 모니터로 향한 까닭에 색상이 번지는 느낌이 난다.

정지 물체 색상별 촬영

아이폰 카메라를 위쪽에서 아래로 향하게 해서 정지 물체를 촬영했다. 검은색 키보드와 마우스, 빨간색 마우스패드, 흰색 종이컵, 흰색 냅킨, 회색 웹 카메라, 빨간색 부직포백이다. 우선 컴퓨터 모니터 색상이 푸르스름한 색으로 나타났다. 키

보드 스킨을 벗겨 내고 검은색 키보드의 느낌을 보더라도 그다지 큰 차이점은 없었다. 정리해보면 밝은 실내에서 촬영할 때 짙은 색, 어두운 색 위주로 카메라 영상에 표현되며 빨간색 또는 흰색 등의 색상은 육안으로 느끼는 것보다 약간 짙은 색으로 보인다.

인물 촬영

인물을 촬영했다. 조명은 천장에서 백색 형광등 조명이고 인물을 향한 조명은 없다. 아이폰 카메라는 인물의 위쪽에서 내려오는 형광등 조명만으로 인물의 느낌을 나타낸다. 짙은 갈색 의상을 입은 덕에 인물 뒤 흰색 배경의 반사 효과로 후(後) 조명 효과가 가능했다.

정지 상태에서 움직이는 물체 촬영하기

정지된 상태에서 움직이는 물체를 촬영할 때 느낌이다. 지하철 안전문 안쪽에서 바깥쪽 움직이는 지하철을 촬영했다. 지하철역 안전문을 통해 보이는 지하철은 초점이 흐리게 나타난다.

움직이는 상태에서 정지 풍경 촬영하기

조도가 높은 지하철 실내에서 창밖으로 보이는 풍경을 촬영했을 때 느낌이다. 지하철 차량 창문 두 개 가운데 앞쪽 창문을 통해 정지된 풍경이 나타나고, 뒤쪽 창문으로 초점이 뭉친 풍경이 연출된다.

정지 상태에서 어두운 배경 속에 밝은 장소를 촬영하기

정지한 상태의 지하철에서 맞은 편 철로를 통해 보이는 승강장을 촬영했다. 카메라로 어두운 장소를 지나서 밝은 곳을 촬영했는데 밝은 곳 초점이 흐려진다. 아이폰 카메라 화면을 손가락을 건드리지 않은 상태에서 카메라의 자동 초점 기능으로만 촬영했다.

움직이기 시작하면서 어두운 배경 속에 밝은 장소를 촬영하기

카메라를 통해 보이는 영상에서 밝은 곳 영상에 색번짐 효과 느낌이 나타난다. 약간 어두운 톤으로 변화한다. 맞은 편 밝은 곳 영상 또한 초점이 흐려지며 제대로 된 형상이 나타나지 않는다.

움직이는 지하철 안에서 정지 물체 촬영하기

실내조명으로 정지 물체를 촬영한 장면이다. 천장 조명등이 카세트에 반사되는 부분의 영상을 눈여겨보자. 밝은 조명 덕분에 파란색, 빨간색에도 영향을 미쳤다.

갈색 조명의 실내에서 촬영하기

전체적인 분위기가 갈색 톤의 이미지로 연출된다. 검은색 카메라, 검은색 노트북 컴퓨터 역시 갈색 톤으로 나타났다. 투명한 유리컵, 흰색 종이 역시 영상을 통해 갈색 느낌의 톤으로 어우러져 나타난다. 카메라로 비스듬하게 촬영한 노트북 컴퓨터 모니터는 초점이 흐리긴 하지만 대략적인 사이트 모습을 알 수 있는 상태이다.

갈색 조명의 실내에서 노트북 모니터를 정면으로 촬영하기

액정 모니터를 통해 나오는 빛으로 인해 카메라 영상에 제대로 전달되지 않는다. 어두운 피시방에서 촬영했을 때에도 컴퓨터 모니터를 비추면 잠시 하얀 색만 보이다가 잠시 후에 세부적인 사이트가 보였다.

밝은 실내에서 컴퓨터 모니터 촬영하기

밝은 실내에서 '빅터리 쇼 www.victorleez-show.com' 사이트를 촬영했을 때 장면이다. 컴퓨터 모니터를 눈으로 직접 볼 때와 카메라를 통해 영상으로 볼 때와 차이점을 파악해두자.

밝은 실내에서 흰 벽면 앞에 컴퓨터 장치 촬영하기

전체적인 영상 느낌이 어두운 베이지 톤의 장면으로 연출되었다. 실제 실내 분위기는 밝은 흰색 톤의 공간이다.

앞의 두 가지를 촬영한 같은 밝은 실내에서 벽면을 촬영하기

밝은 실내에서 천장 조명과 그 주위를 촬영했다. 조명이 닿는 양에 따라서 어두운 느낌만 있을 뿐 전체적인 분위기는 흰색 톤이다.

스포트라이트가 번쩍이는 실내에서 촬영하기

어두운 카페에서 스포트라이트 SPOT LIGHT 가 번쩍일 때 아이폰 카메라로 촬영한 장면이다. 다양한 조명이 어우러져 전체적인 분위기가 나타났다.

밝은 곳에서 더 밝은 곳 촬영하기

밝은 실내에서 더 밝은 실내를 촬영했을 때 장면이다. 가장 밝은 곳 뒤에는 어두운 곳이 배경이다. 가장 밝은 곳의 조명이 밝은 곳으로 번져서 마치 어두운 곳처럼 느낌을 낸다.

어두운 실내에서 라인 조명으로 촬영하기

어두운 실내에서 형광 조명을 바탕으로 유리컵을 진열한 장소에서 촬영된 영상이다. 어두운 곳에서 흰색 조명이 더욱 강렬한 느낌을 전달한다.

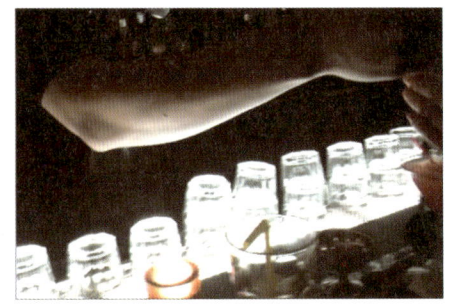

위 촬영 장소에서 투명 컵 위에 다른 잔 촬영하기

흰색 조명에 대비하여 검은색 칵테일이 담긴 투명 받침대의 잔을 올려두고 촬영한 장면이다. 유리컵 안에 옅은 갈색 칵테일과 검은색 칵테일이 대비를 이루고 있다.

어두운 장소에서 흰색 조명 위에 투명 컵 촬영하기

어두운 실내에서 흰색 조명을 켜고 투명 컵을 둔 장소에서 근접 촬영을 한 장면이다. 투명한 컵을 통해 나타나는 회색 느낌이 있다.

어두운 실내에서 흰 조명 앞에 두고 인물 촬영하기

어두운 장소에서 다양한 조명을 순간적으로 받는 가운데 흰 조명을 앞에 두고 앉은 인물을 촬영한 장면이다. 인물의 얼굴이 전체적으로 하얀 느낌을 준다.

어두운 실내에서 흰 조명 켜고 촛불 조명과 대비 촬영하기

인위적인 흰색 조명과 촛불의 자연조명을 대비하여 촬영한 장면이다. 주황색 조명과 흰색, 그리고 검은색 배경이 어우러지는 느낌을 주목하도록 하자.

흰 조명 아래 파란 바탕 위에서 글씨 촬영하기

밝은 조명을 가진 편의점 실내에서 촬영한 글씨 장면이다. 아이폰 카메라는 작은 물체일수록 더욱 가깝게 근접촬영을 하는 게 바람직하다.

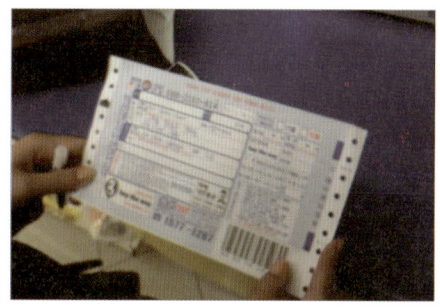

제과점 베이지 톤 조명에서 글씨 촬영하기

밝은 분위기의 제과점 실내이고 베이지 톤의 조명 바로 아래에서 글씨를 촬영한 장면이다. 베이지 톤의 색상 덕분에 쓰려는 글의 내용도 좋은 느낌의 영향을 받는다.

청색 톤의 인물과 베이지 톤의 분위기 촬영하기

밝은 조명 아래에 놓인 제과들을 바라보는 인물은 다소 어두운 채도의 색으로 대비하여 전체적인 느낌을 전달하고자 구성한 촬영이다. 아이폰 카메라 자동 초점 기능으로 촬영한 장면이다.

밝은 스튜디오 조명에서 촬영하기

흰색·분홍색·검정색으로 꾸민 인물과 흰색 조명이 밝은 스튜디오에서 촬영한 장면이다. 전체적인 분위기와 느낌은 화이트 톤으로 강조되었다.

어두운 앞, 밝은 뒤를 배경으로 인물 촬영하기

인물의 앞에 어두운 공간을 두고 인물의 뒤를 흰색 조명으로 비춘 장소에서 촬영한 장면이다. 인물은 다큐멘터리를 촬영하는 도중으로 스튜디오에 온 상황을 생방송으로 촬영 중이다.

실내포장마차에서 촬영하기 1

실내포장마차에서 촬영한 장면이다. 포장마차 안은 중간 정도 밝기이고, 주변은 주황색 천막으로 둘러싸였다. 인물의 왼쪽 위치에 형광등 조명이 한 개 있다.

실내포장마차에서 촬영하기 2

포장마차에서 파란 테이블 위에 흰색 양파 · 초록색 상추 · 빨간색 고추장 · 노란색 마늘을 촬영한 장면이다.

동대문시장 상가 내에서 촬영하기

동대문시장 상가 실내에서 촬영한 장면이다. 밝은 실내에서 짙은 색 겨울 옷 사이를 걸어가는 인물이다. 카메라는 인물의 뒷모습을 초점으로 잡은 상태이다.

밝은 조명의 움직이는 지하철에서 인물 촬영하기

지하철을 타고 이동하는 인물을 촬영한 장면이다. 조명은 지하철 차량 천장에 있고, 지하철 차량의 차창 밖은 어두운 지하공간이다. 밝음과 어둠이 대비되고, 어둠에 인물의 모습이 거울에 비춰진 모습이다.

밤거리 천막 어두운 공간에서 인물 촬영하기

밤거리에 사주궁합 천막 안에서 인물을 촬영한 장면이다. 밖에는 거리곳곳의 형광 네온싸인 조명이 있고, 천막 안에는 작은 촛불이 있다.

밝은 실내에서 검은 배경의 인물 촬영하기

어두운 곳에서 밝은 곳을 촬영하면 카메라를 통한 영상에는 밝은 곳도 약간 어둡게 나온다. 밝은 실내에서 어두운 옷을 입은 인물 뒤에서 촬영할 때도 검은 옷일지라도 흰색이 섞인 영상이 표시된다. 주의해야 할 점은 밝은 실내일 경우에도 카메라에 빛이 많이 들어가면 촬영 영상이 뿌옇게 흐려진다는 사실이다.

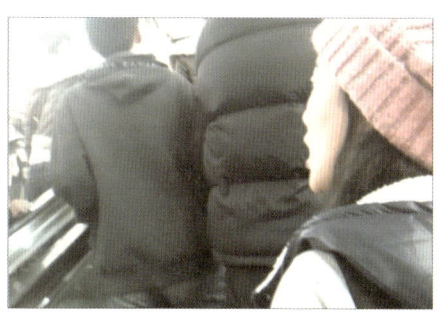

주변 색감에 맞춘 스타일링 의상으로 인물 촬영하기

인물은 흰색 울을 안감으로 단 검은색 패딩조끼에 옅은 핑크색 모자, 흰색 톤의 셔츠를 입었고, 주변 배경은 검은색 진열대와 포스터, 테이블, 그리고 흰색 벽으로 되어 있다. 인물과 배경의 색감이 제대로 맞은 촬영 장면이다.

지하철역사 안에서 이동하는 인물 촬영하기

지하철역사 안에서 걷는 인물을 촬영한 장면이다. 카메라 위치는 인물보다 약간 위에서 아래로 향했고, 인물의 얼굴을 초점으로 근거리를 유지했다.

분식집에서 김밥 촬영하기

분식집에서 김밥과 김치 · 깍두기 · 단무지 · 참기름을 촬영한 장면이다. 조명은 매우 밝은 조건이었고, 테이블 바로 옆에 거울이 있는 상태에서 촬영한 장면이다.

호프집에 설치된 스크린으로 비춰지는 영상 촬영하기

갈색 계열의 색감인 조명 조건 하에서 흰 스크린으로 비춰지는 영상을 촬영한 장면이다. 스크린 영상도 호프집 분위기와 마찬가지로 연갈색톤의 색감이 느껴진다.

어두운 피시방에서 컴퓨터 모니터 조명 앞 인물 촬영하기

어두운 피시방에서 컴퓨터 모니터 조명을 앞에 둔 인물을 촬영한 장면이다. 모니터 앞에 놓아둔 소가죽 분홍색 가방도 어두운 톤으로 나타난다. 분홍색 가방은 짙은 분홍색이다. 인물 주위에 조명은 없는 상태이다.

어두운 피시방에서 컴퓨터 모니터 촬영하기

어두운 피시방에서 컴퓨터 모니터를 촬영한 영상이다. 밝은 곳에서나 갈색톤의 실내에서 컴퓨터 모니터를 촬영했던 것과 다르게 모니터로 비치는 사이트의 구체적인 색감과 윤곽들도 정상적으로 보이는 것 같다.

건물 1층 실내에서 이동하는 인물 촬영하기

밝은 조명의 장소에서 나와서 천장에 형광 조명뿐인 건물 1층을 걷는 인물을 촬영한 영상이다. 짙은 분홍색 가방에 대비하여 어두운 톤의 스타일 의상을 비교할 수 있다.

같은 장소에서 배경에 따른 영상 색감의 차이점 촬영하기

같은 장소에서 조명을 밝게 했을 때의 차이점을 알 수 있는 촬영 장면이다. 방송용 카메라가 놓인 장면에서 인물이 등장한 장면은 모두 같은 장소이다.

패스트푸드점에서 촬영하기

패스트푸드점에서 짙은 분홍색 가방을 촬영한 장면이다. 패스트푸드점은 베이지톤의 천장 조명인데, 촬영한 시각은 밝은 아침시각이라서 통유리로 된 패스트푸드점 한쪽 벽면 유리창을 통해 자연조명이 많은 상태이다.

넓은 음식점에서 사람들 촬영하기

밝은 실내 음식점에서 촬영한 사람들 모습이다. 흰색과 갈색톤 구성에 더하여 자연 조명이 많은 실내 분위기가 생동감을 더한다.

지하철에서 손잡이를 가까이 촬영하기

밝은 지하철 조명 아래에서 손잡이를 촬영한 장면이다. 회색과 베이지 톤의 배경에 비해서 빨간색 손잡이가 눈에 확 드러난다.

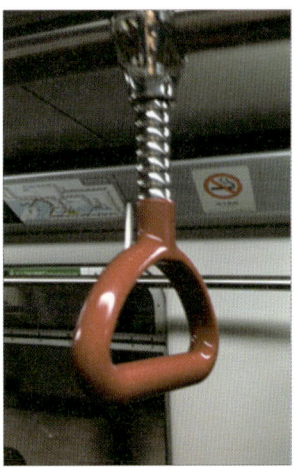

호텔 방에서 테이블 유리에 비춰진 실내등 촬영하기

어두운 베이지 톤의 호텔방 실내에서 테이블 유리에 비춰진 실내등을 촬영한 장면이다. 망사 커튼 밖으로 보이는 밖 시간대는 늦은 오후 무렵이다.

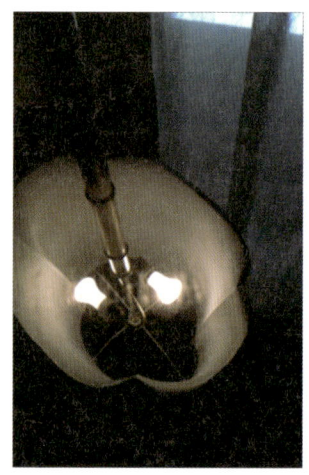

지하철에서 기다리는 인물 촬영하기

지하철 승강장 앞에서 차량을 기다리는 인물을 촬영한 장면이다. 밝은 곳에서 어두운 배경을 바라보는 인물 시선이 설정이다. 인물의 맞은 편에는 어두운 곳에서 인물을 마주 보는 또 다른 인물의 모습이 비춰진다.

지하철 내부 촬영하기

지하철 내부의 모습을 촬영한 장면이다. 사람들이 앉아 있고 그 사이에 빨간 봉 형태의 손잡이가 있다.

지하철 역사 통로 촬영하기

지하철 역사 통로를 촬영한 장면이다. 멀리 갈수록 점점 작아지는 사람들과 통로의 끝부분이 이색적이다.

호텔 엘리베이터 앞 탁자와 테이블 촬영하기

베이지 톤의 호텔 내부에서 엘리베이터 앞 탁자와 테이블을 촬영한 장면이다. 젖혀진 창밖으로 들어오는 자연조명 덕분에 더욱 아늑한 분위기가 연출된다.

호텔 프론트 데스크 촬영하기

호텔 실내에서 프론트데스크를 촬영한 장면이다. 실내촬영은 '조명'이 충분한 곳이 많기 때문에 아이폰 카메라로 촬영할 때도 큰 문제는 없다.
조명이 인물의 앞에 있을 때와 뒤에 있을 때 '느낌'의 차이를 보도록 하자.

도로 터널에서 자동차 촬영하기

일직선으로 곧게 뻗은 천장 조명과 자신의 라이트를 앞으로 비추며 어두운 터널 안을 달리는 자동차들이다. 버스를 타고 가며 옆으로 지나가는 자동차를 촬영한 장면이다.

날씨 맑은 여름 오후, 버스 안에서 빈 좌석 촬영하기

버스에 올라타서 아무도 없는 빈 좌석을 촬영한 장면이다. 버스 창 밖에서 안으로 들어오는 자연조명 덕분에 마치 하늘을 날아다니는 버스 같다는 기분이 든다.

이상으로, 아이폰 카메라로 실내에서 동영상 촬영을 할 때 참조할 만한 여러 가지 촬영 장면을 알아봤다. 아이폰으로 영화촬영을 하고, 생중계 방송을 하며 다큐멘터리까지 만들자 사람들은 아이폰으로 어떤 촬영이 가능한가라는 질문을 했다. 캠코더보다 크기도 작고, 디지털카메라보다 기능도 적을 것 같은 아이폰 한 대가, DSLR에 견주어 뒤떨어지지 않는 화질 뛰어난 동영상을 촬영할 수 있다는 것이 신기한 사람들이었다.

위에서 소개한 바와 같이 실내에서 실외에서 아이폰 한 대로 동영상을 촬영하는 건 어렵지 않고 불가능하지도 않다. 게다가 실제 동영상을 상영해보면 그 화질까지 HD급으로 뛰어나다는 걸 직접 확인하게 되니 잘 모르는 사람들 입장에선 매우 신기한 일일 수 있다. 이제부터 시작이다. 아이폰 한 대로 만드는 HD급 동영상을 완성하기까지 필요한 지식이 이어진다.

4 화면에서 조명 조절하기

아이폰 카메라를 사용하면서 조명 조절은 어떻게 할까? 아이폰을 이리저리 들여다봐도 도무지 알 길이 없었다는 사람들이 많다. 아이폰 카메라에 관련된 어플리케이션을 다운로드 받아서 설치하면 되는지 묻는 사람들도 있었는데, 사실 아이폰 카메라로 조명을 조절하는 방법은 의외로 간단하다. 화면 터치 하나면 충분하기 때문이다.

아이폰 카메라 조명 비교 1

위 두 장면은 같은 시각, 같은 장소에서 촬영했다. 물론, 조명은 자연조명을 사용했으며, 촬영 장소는 실외 버스정류장 앞이었다.

는 카메라 화면에서 휴대전화를 손가락으로 터치하고 촬영한 영상이다. 아이폰 카메라로 들어오는 자연조명이 휴대전화에 집중 되면서 배경 위치는 하얀 색으로 표시된다. 의 경우 카메라 화면을 통해 영상을 체크하면서 배경 위치인 보도블록을 손가락으로 가볍게 건드렸다. 휴대전화 화면은 나타나지 않는 대신 보도블록 영상이 선명해졌다. 아이폰 카메라로 들어오는 빛의 양이 분산되었기 때문이다.

아이폰 카메라 조명 비교 2

는 실내에서 촬영한 장면이다. 조명은 자연조명이고 인물 뒤 소파는 베이지색 바탕에 분홍색 장미꽃 무늬이다. 시간대는 약간 흐린 날 오후이다.

는 인물의 오른쪽 창문을 통해 자연조명이 들어오는 실내에서 촬영한 장면이다. 위 사진 보다 자연조명이 조금 더 많이 들어오는 위치이다. 그러나 두 영상 모두 아이폰 화면을 조작하지 않은 초점 자중 기능 상태이다. 영상 와  모두 큰 차이가 없는 걸 볼 수 있다.

아이폰 카메라 조명 비교 3

위 장면 a 는 아이폰 카메라의 자동 조명 그대로 촬영한 영상이다. 인물은 물론이고 인물의 옆 유리창을 통해 보이는 거리 풍경까지 영상에 표시된다.

장면 b 는 인물을 근접 촬영하면서 아이폰 카메라 화면에서 인물 부분을 손가락을 가볍게 건드려주고 촬영한 영상이다. 영상 속에 인물이 하얀 톤으로 바뀌면서 아이폰 카메라에 빛이 많이 들어온 걸 알 수 있다. 창으로 보이던 거리풍경은 아예 나타나지도 않았다.

> 주 단, 어두운 곳에서 밝은 곳을 촬영할 때, 밝은 곳을 손가락으로 건드려줄 경우 어두운 곳은 완전히 검은 색으로 바뀐다. 카메라에 들어오는 빛의 양이 적은 상태에서 초점을 조절한 결과로 빛이 집중되기 때문이다.

두 장면 a , b 모두 인위적인 조명은 사용하지 않았다. 오로지, 아이폰 카메라 만으로 촬영한 영상이다. 실외 촬영이나 실내 촬영 모두 자연 조명을 사용하면서 카메라 화면을 건드려줌으로써 각기 다른 영상 효과를 얻을 수 있다.

5 촬영 시작하기

카메라 촬영을 할 때는 될 수 있는 한 아이폰을 든 상태에서 움직이지 않아야 한다. 손 떨림 보정 기능이 있고, 자동 초점 기능이 있다고 하지만 그대로 촬영하는 사람이 고정된 상태에서 촬영하는 게 가장 좋다. 아이폰으로 영화를 촬영하는 사람들이 점점 많아지는 추세에서 어떤 경우 아이폰 고정대까지 준비해서 어깨에 견착시킨 후 촬영하는 경우도 있다. 아이폰 한 대의 무게보다 어깨에 대서 고정 촬영을 하기 위해 사용하는 장비 무게가 더 무거운 경우이다.

그러나 굳이 이럴 필요는 없다.

아이폰을 들고 양팔을 옆구리에 바짝 붙인 채 촬영을 하면 카메라가 흔들리지 않는다. 또는 아이폰을 양손으로 들고 양 팔꿈치를 벽이나 바닥에 대고 촬영하면 카메라 움직임도 거의 없다. 카메라를 잡을 때는 주로 쓰는 손쪽으로 화면 조정을 할 수 있도록 잡아주자. 필자는 오른손잡이라서 오른쪽으로 버튼을 두었고, 왼손으로는 아이폰을 받쳐준다.

촬영 장소가 동일한 장소일 경우에는 아이폰을 원하는 앵글이 나올 만한 위치에 가로로 세워 놓고 촬영시작 버튼을 누른 경우도 있다. 아이폰은 그 자리에서 촬영을 계속하고, 촬영하는 사람은 다른 작업을 할 수도 있다는 뜻이다.

단, 아이폰 촬영 시에는 반드시 카메라는 위와 같이 가로로 눕혀서 촬영해야 한다. 영상화면 비율이 16:9 또는 4:3으로 되어 있기 때문에 촬영할 때부터 가로 영상으로 앵글을 조절하는 게 좋다.

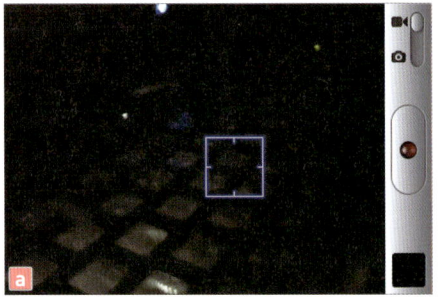

a 는 아이폰 카메라를 가로로 들고 영상을 촬영하기 전의 장면이다. 화면에 자동 초점 기능이 작동되면서 흰색 네모가 초점 위치로 표시되는 것을 볼 수 있다. 초점 위치는 화면을 손가락으로 건드려주면서 촬영하는 사람이 자유자재로 위치를 변경할 수 있다. 손가락으로 지정하는 위치로 흰색 네모가 옮겨진다. 촬영 준비 상태가 되면 빨간 이미지를 눌러서 촬영을 시작한다.

b 는 아이폰 카메라로 촬영을 시작한 상태를 표시한다. 화면 왼쪽 위에 촬영 시간이 표시되고 빨간 이미지가 더욱 밝아지며 불이 들어온 것과 같은 효과를 낸다. 촬영하는 동영상은 촬영을 종료하면서 자동으로 사진 보관함에 저장되는데 이때 촬영분량 및 촬영 시각, 파일 크기 등이 자동으로 표시된다.

주 카메라 조작 기능 위치는 오른손 위치에 두는 게 좋다. 엄지손가락으로 촬영 시작과 종료를 다루고, 검지손가락으로 동영상 촬영 기능을 작동할 수 있다. 동영상 촬영을 할 때는 반드시 캠코더 위치로 이미지가 표시되었는지 확인하자.

6 촬영 멈추기

촬영을 멈출 때는 아이폰 카메라 화면에 표시되는 빨간 이미지 ▪ 을 누른다. 촬영이 멈춰지며 영상이 화면 아래 왼쪽에 있는 ▫ 속으로 들어가는 모습이 나타난다. 그러나 촬영을 멈춘다고 해서 카메라 기능까지 멈춰지는 게 아니다. 아이폰 화면에는 카메라를 통해 보이는 영상이 계속 나온다. 카메라 촬영까지 멈출 경우엔 ■ 을 눌러준다.

> **TIP** 아이폰 카메라로 얼마나 오래 촬영할 수 있을까?
>
> 촬영을 시작해서 종료하게 되면 그게 동영상 파일 하나가 되는데, 필자의 경우 중간에 멈춤 없이 한 장면을 최대 1시간 가까이 촬영을 해본 경우가 있다. 중간에 끊김 없이 원하는 영상을 얻을 수 있었지만 촬영을 오래도록 지속할 경우 나중에 불편한 점이 한 가지 있다는 것을 알게 되었다.
> 동영상 파일 한 개가 50여 분이 넘으면서 그 파일 용량은 1G가 넘었고, 나중에 아이폰으로 촬영한 동영상을 편집하기 위해 컴퓨터로 옮길 때에 컴퓨터 사양에 따라서 컴퓨터로 내려 받기조차 불가능하다는 점이었다. 따라서 파일 편집을 할 경우를 대비하여 생각해볼 때 이상적인 촬영 분량은 파일당 5분을 넘지 않도록 하는 게 좋다. 필자의 경우엔 각 장면 별로 1분~3분 이내 촬영시간을 정해두고 촬영한다.

7 촬영 내용 확인하기

아이폰 카메라로 촬영을 하는 동영상을 확인하려면 어떻게 해야 할까? 매 장면마다 촬영하고 바로 확인해서 만족스럽지 못한 부분이 있다면 삭제하고 다시 촬영하면 편리할 텐데 말이다. 아이폰 카메라로 동영상 촬영하면서 바로바로 확인하는 방법에 대해 알아보자.
아이폰 카메라로 촬영을 하다가 종료하고, 방금 찍은 동영상을 확인하려면 [사진] 앨범 메뉴로 가야한다. 화면 아래 쪽에 표시되는 ■을 선택하자.
[사진앨범] 메뉴로 들어왔다. 아이폰에 보관 중인 이미지와 동영상 목록 가운데 제일 아래쪽에 방금 촬영한 동영상이 ■ 와 같이 표시되어 있는 걸 발견할 수 있다. 이미지를 클릭해보자.

화면 가운데에 플레이 화살표가 표시되고, 동영상 보기 기능 단계로 들어왔다. 아이폰을 가로로 눕혀서 다시 확인하자.

방금 전 동영상 촬영할 때와 같은 화면이 나타났다. 화면에 보이는 화살표 을 선택한다.

동영상이 플레이된다. 아이폰 화면에 표시되는 동영상 관리 메뉴가 사라지는데, 동영상이 진행 중이라도 화면 아무 곳이라도 손가락으로 건드려주면 각 메뉴가 다시 나타난다.

⬅표시는 지금 보는 동영상보다 목록에서 앞에 있는 동영상을 보는 기능이고, ➡표시는 뒤에 있는 동영상을 보는 기능이다. ▶표시는 와 같은 기능으로 플레이 기능이다.

TIP 아이폰 카메라 화면에 표시되는 이미지는 무슨 뜻일까?

아이폰 화면 위에 보면 ▪▪▪▪ SHOW 3G   11:02   100% 🔋 와 같이 표시되는 이미지들이 있다. ▪▪▪▪는 전파 수신 감도를 나타낸다. 전파수신 상태가 안 좋으면 막대 수가 줄어든다. 3G는 통신모드를 말한다. 와이파이(WiFi) 상태에서는 부채꼴 모양으로 바뀐다. 11:02는 현재 시각을 표시한다. 100%는 아이폰 배터리의 상태를 표시한다. 100%인 경우라면 배터리가 완전하게 충전된 상태를 말한다. 🔌는 아이폰과 컴퓨터가 연결된 상태 또는 배터리 충전코드가 전원에 꽂혀 있는 상태를 표시한다. 아이폰만 있을 경우에는 🔋로 표시된다.

PART 2
만들기
아이폰으로 영화를 촬영해볼까?

8 촬영 내용 지우기

동영상을 촬영했지만 마음에 들지 않거나 했을 때 삭제하려면 어떻게 해야 할까? 동영상을 지우고 싶을 때는 화면 아래쪽에 🗑휴지통 이미지를 눌러주면 휴지통 뚜껑이 열리면서 방금 보던 동영상이 들어가는 동작이 나타나며 아이폰에서 삭제된다. 동영상 관리를 마무리 한 후에 완료을 누르면 다시 동영상 촬영 상태로 복귀한다.

여기까지 아이폰 카메라로 동영상을 촬영하는 방법에 대해 알아봤다. 이제 아이폰 한 대만 있으면 실내이건 실외이건 간에 멋진 동영상을 만들 수 있다. 아이폰 화면을 통해 조명을 조절하고, 원근 거리를 조절하면서 색다른 느낌의 동영상을 만들어 보자. 흐린 날, 맑은 날, 비 오는 날 등에 따라서도 독특한 분위기의 영상 작품이 만들어진다.

본 단락에 이어지는 내용은 아이폰을 활용하여 오디오소리 파일을 만드는 방법이다. 가령, 멀리 있는 인물을 촬영할 때 그 사람의 목소리를 영상에 같이 넣고자 할 경우 영상과 소리를 따로 만들어서 나중에 서로 붙여 넣어야 하는 작업이 필요한데, 이럴 때 활용할 수 있는 오디오 파일 만드는 방법이다.

영상과 소리를 붙여서 하나의 동영상으로 만드는 방법은 절대 어렵지 않다. 본 도서에 소개하는 단락이 있으니 살펴보도록 하자. 우선 오디오 파일 만들기에 대해 알아두자.

9 동영상에 넣을 특별한 소리 만들기

멀리서 어떤 사람이 걸어온다. 그런데 영상을 보는 사람들은 그 사람이 무슨 말을 하는지 듣고 있다. 어떻게 이런 일이 가능할까? 아이폰의 성능이 아무리 좋다고 해도 멀리 있는 사람의 목소리까지 완벽하게 녹음해서 들려줄 수 있을까? 정답은 오디오 파일과 영상 파일을 따로 만들어서 편집 과정을 통해 서로 붙였다는 사실이다.
영상은 영상대로, 오디오는 오디오대로 만드는 방법을 알아두자.

> **TIP 오디오 파일 분량정하기**
>
> 아이폰으로 오디오 파일을 만들려면 동영상을 먼저 촬영하고 오디오 파일을 만든다. 동영상을 촬영한 시간을 체크하고, 동영상에서 오디오(소리)가 들어갈 위치를 지정한 후에 오디오(녹음) 시간을 정한다. 가령, 멀리서 인물이 걸어오는 10초 분량의 동영상이 있다면 오디오(소리)는 1~10초 분량 전체 길이에 맞게 만들 수도 있고, 1~5초까지 영상에만 사용되도록 만들 수도 있다.

음성메모 열기

아이폰 바탕화면에서 [음성메모]  를 선택한다.

오디오를 녹음하기 위해 를 누른다. 음성 녹음이 시작된다. 원하는 시간만큼 오디오를 녹음한다.

오디오를 녹음할 때는 영상과 비교하면서 을 주시해야 한다. 오디오가 너무 크거나 작지 않게 주의한다. 빨간 표시로 된 영역까지 바늘이 올라가면 너무 큰 경우이다.

아이폰의 아래에 보면 스피커와 마이크가 있는데, 연결 케이블 오른쪽에 있는 가 마이크이다.
오디오를 녹음할 때는 굳이 마이크를 소리 가까이에 댈 필요는 없다. 소리로부터 적당히 떨어진 상태에서 음성녹음 기능의 바늘 표시를 보

면서 오디오 크기를 조절하도록 하자.

음성메모 닫기

오디오 녹음을 끝낼 때는 ●를 누른다. 녹음이 끝난 오디오는 파일 형태로 아이폰에 자동 저장된다. 저장된 오디오 파일은 음성메모 목록에서 확인할 수 있다.

음성메모 멈추기

녹음 도중에 '일시 정지'를 원할 때는 ●을 누른다. '잠시 멈춤'이란 표시가 나타나면서 녹음이 중단된다. 오디오 녹음을 이어가고자 할 경우엔 ●을 한 번 더 눌러준다.

음성메모 확인하기

오디오를 녹음하고 내용을 들어보고자 할 경우엔 ■표시를 누른다. 음성메모 목록으로 이동한다. 음성녹음을 한 날짜와 녹음분량이 표시된다.

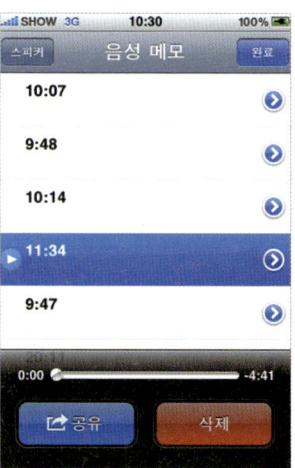

듣고 싶은 음성메모 목록을 선택하면 해당 파일이 파란 색으로 표시되는데, 이때 ● 또는 ▶를 누르면 녹음 내용이 들린다.

[스피커]스피커를 누르면 아이폰 스피커를 통해 들리며, 그 외에 경우엔 이어폰을 사용한다. 녹음내용을 듣다가 잠시 멈추고자 할 경우엔 ■를 누른다.

음성메모 지우기

오디오 파일을 듣다가 지우고 싶을 때에는 지우고자 하는 파일을 선택한 후 삭제 를 누른다.

음성파일 내려 받기 : '아이폰'에서 컴퓨터로

오디오 파일을 저장했는데 동영상을 편집할 때 꺼내 사용하려면 어떻게 해야 할까?

컴퓨터에서 아이튠즈 iTunes를 통해 오디오 파일을 관리한다. 아이폰을 컴퓨터에 연결시킨 후 아이튠즈를 실행하자.
아이튠즈가 실행되면 메뉴 목록에서 [보관함]을 선택하고 그 아래 목록으로 [음악]을 선택한다.

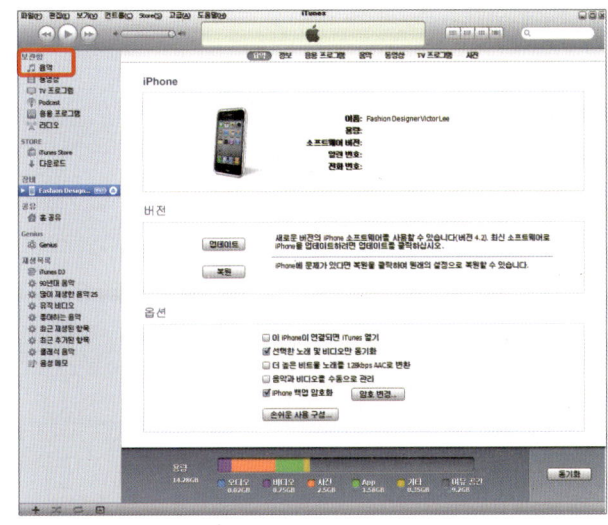

아이튠즈에 내가 만든 [음성메모오디오 파일]이 표시된다. 내가 녹음한 날짜와 음성 분량을 확인해서 필요한 메모를 선택한다.

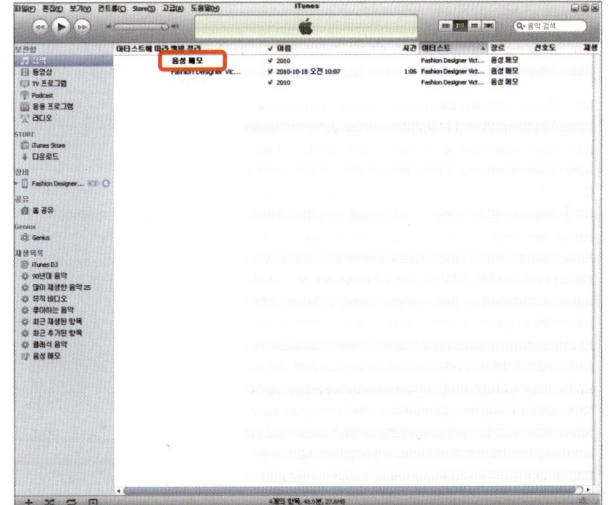

PART 2
만들기
아이폰으로 영화를 촬영해볼까?

원하는 음성메모에 마우스를 올려놓고 마우스 오른쪽 버튼을 눌러서 메뉴를 연 뒤, [복사]를 선택한다.

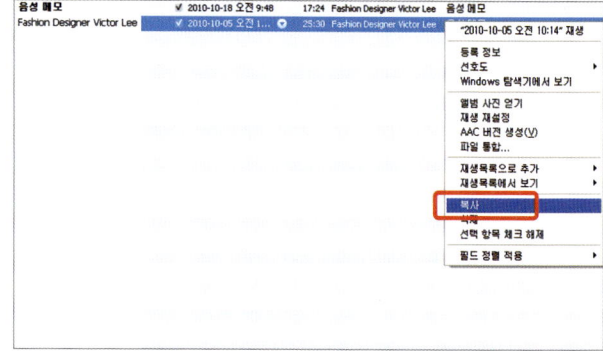

오디오 파일을 저장할 폴더나 바탕화면에 마우스를 위치시키고 다시 마우스 오른쪽 버튼을 눌러서 메뉴 목록이 열리면 [붙여넣기]를 한다.

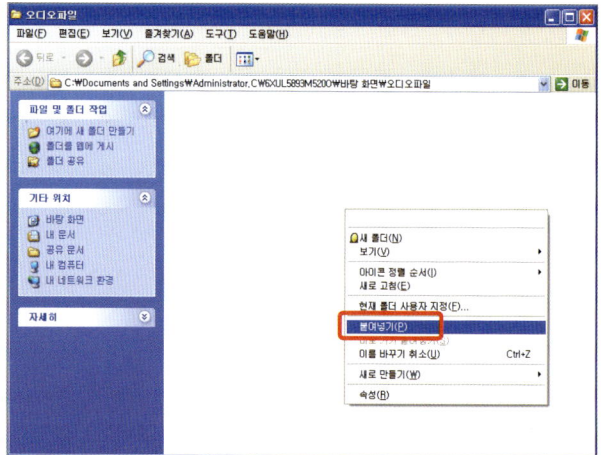

M4A 형태를 지닌 오디오 파일로 지정한 폴더에 저장된다. 오디오 파일에 적용할 프로그램이 지정된 상태가 아닐 경우 위와 같이 임의의 아이콘으로 표시되는데, 오디오 파일에는 전혀 상관없으니 안심하자.

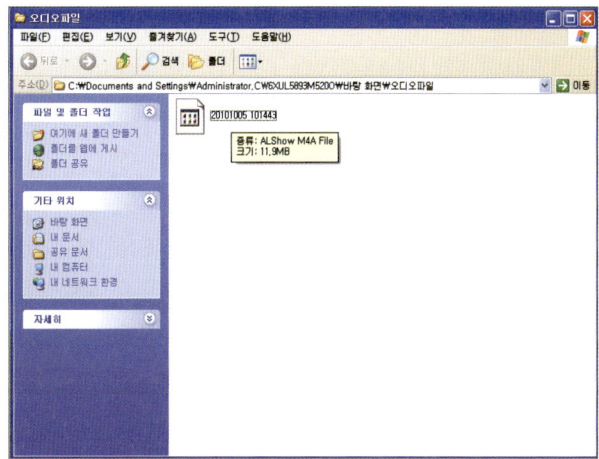

아이콘을 두고 보기에 마음이 내키지 않는다면 해당 오디오 파일 위에 마우스를 놓은 후 오른쪽 버튼을 눌러서 [연결 프로그램]을 선택하면 오디오 파일에 사용할 멀티미디어 프로그램 목록이 표시된다. 이 가

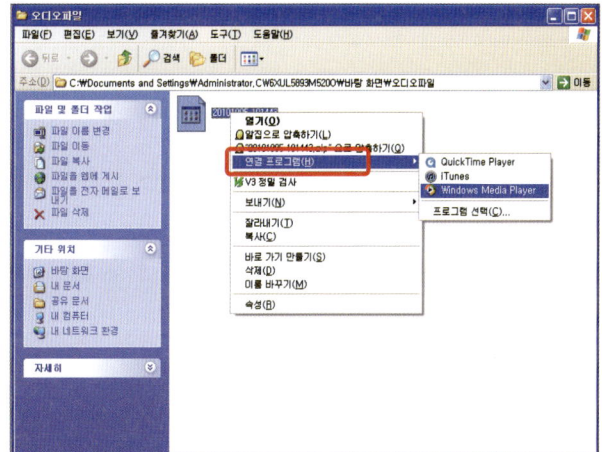

운데 사용할 프로그램을 마우스로 선택한다.

PART 2
만들기
아이폰으로 영화를 촬영해볼까?

단, M4A로 된 오디오 파일 형태를 지원하지 않는 프로그램의 경우 소리가 들리지 않는다. 따라서 mp3 등의 형태로 파일 변환을 해줘야 하는데, 이와 관련 다양한 프로그램이 많다.

필자의 경우 M4A 오디오 파일을 들을 때는 '알쇼'를 사용하고, M4A 오디오 파일을 mp3 등의 파일로 변환할 때는 '스위치Switch'라는 무료 프로그램을 사용했다.

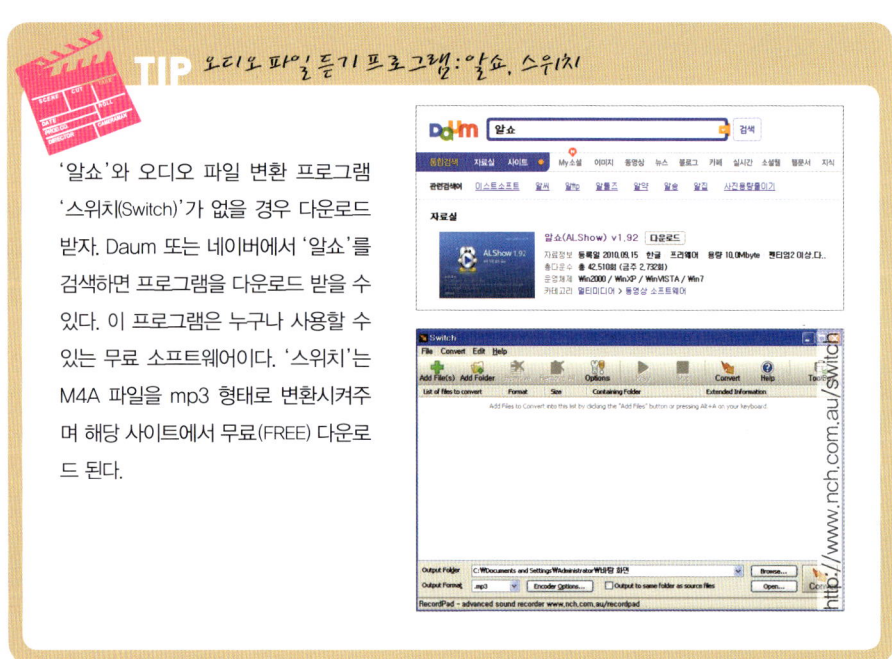

TIP 오디오 파일 듣기 프로그램: 알쇼, 스위치

'알쇼'와 오디오 파일 변환 프로그램 '스위치(Switch)'가 없을 경우 다운로드 받자. Daum 또는 네이버에서 '알쇼'를 검색하면 프로그램을 다운로드 받을 수 있다. 이 프로그램은 누구나 사용할 수 있는 무료 소프트웨어이다. '스위치'는 M4A 파일을 mp3 형태로 변환시켜주며 해당 사이트에서 무료(FREE) 다운로드 된다.

음성파일 불러오기 : '무비메이커'로 불러오기

오디오 파일을 만들었다면 영상에 입히는 방법을 알아두자. 오디오 파일과 영상을 붙이는 방법으로 '무비메이커'라는 프로그램을 사용한다. 이 프로그램은 윈도우를 사용하는 컴퓨터에 무료로 설치되어 있다. 만약 무비메이커가 없거나 삭제되었다면 인터넷에서 다운로드 받으면 된다.

무비메이커에서 사용하는 오디오 파일은 파일 확장자가 wav, aif, aiff, snd, mp3, au, mp2, asf, wma, aifc 등이므로, 오디오 파일이 위 종류 중에 없다면 '스위치'를 사용하여 mp3로 변환하여 사용한다.

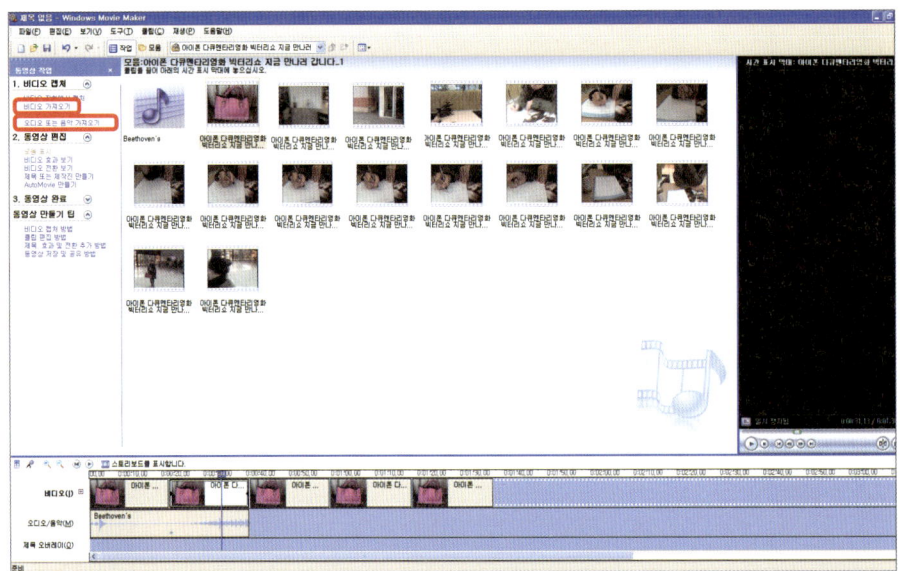

무비메이커를 실행한 후 비디오 가져오기를 눌러서 영상을 먼저 불러오고, 오디오 또는 음악 가져오기를 눌러서 오디오를 불러온다.

불러온 영상파일은 □ 의 형태로 여러 개로 나뉘는데, 사용할 영상을 모두 마우스로 선택해서 아래 □□□□□□□ 에 갖다놓는다. 갖다놓는 방식은 마우스로 파일을 선택해서 움직인 후 원하는 위치에서 마우스에 붙였던 손가락을 떼면 된다.

오디오 불러오기를 선택하면 오디오/음악(M) Beethoven's 영역에 들어가는데, 전체 길이는 마우스로 오디오 파일 표시 부분의 테두리를 클릭해서 원하는 길이로 줄인다.

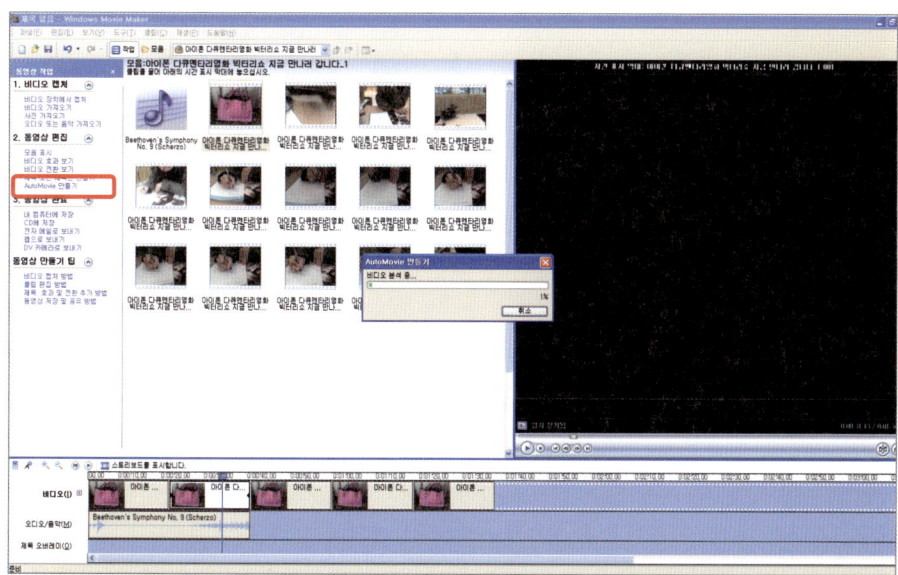

영상과 오디오를 원하는 위치에 서로 배치시켰다면 AutoMovie 만들기를 실행해서 오디오와 영상을 붙이도록 한다.

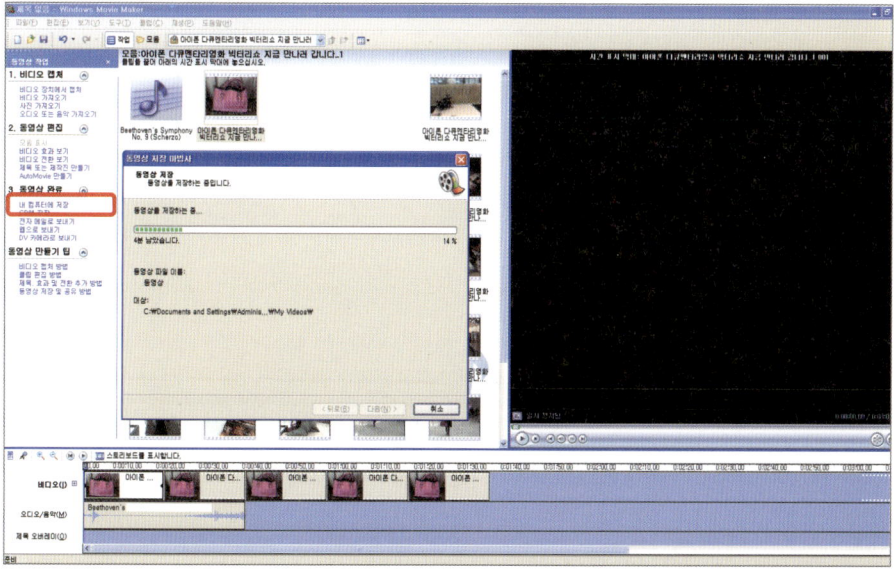

동영상 편집이 완성되면 내 컴퓨터에 저장을 통해 저장하거나 CD에 저장, 전자메일로 보내기 등으로 보관한다.

'무비메이커'는 오디오 파일과 영상 파일을 서로 붙일 때 사용하며, 아이폰 카메라로 촬영한 영상을 편집할 때는 Daum 팟인코더를 사용한다. 그 이유는 팟인코더에서 동영상 편집을 마치고 바로 이어서 아이폰에 저장하거나 다른 스마트폰 또는 저장 기기에 저장할 수 있는 파일 형태로 변환하는 기능도 있기 때문이다.

chapter 3
아이폰에서 촬영 영상 확인해보자

내가 만든 동영상을 아이폰에서 확인 해보도록 하자.
동영상 편집을 하기 전에 지금까지 내가 만들어둔 동영상을 다시 확인해보는 과정이다.
마음에 들지 않는 동영상은 삭제하고,
전체 길이를 조절하거나 삭제할 장면이 있을 경우엔 아이폰에서 간단하게 삭제하도록 한다.

1 아이폰에서 동영상 열기

아이폰 카메라로 촬영한 동영상들은 자동적으로 [사진앨범] 목록에 저장된다. 목록에서 동영상들을 하나씩 선택하며 열어보도록 한다. 바탕화면에서 을 선택한다.

소리 조절하기

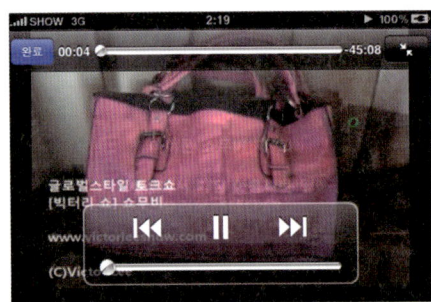 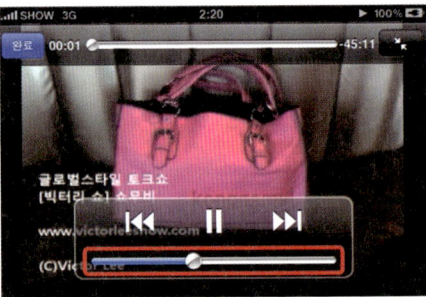

선택한 동영상을 플레이 한다. 아이폰 화면으로 동영상 조작 기능이 표시된다. [소리]는 아이폰 화면에서 　　　　표시 부분이다. 제일 왼쪽으로 하얀 동그라미가 있을 때는 소리가 나지 않는다. 　　　　와 같이 오른쪽으로 이동할수록 소리가 커진다.

TIP 아이폰 스피커와 동영상 소리 듣기

아이폰 스피커를 켜고 끄는 것과 동영상 소리 듣기와의 관계에 대해 알아두자. 아이폰 옆에 스피커 기능 조절 장치가 있다. 아래로 내리면 소리가 나지 않고, 위로 올리면 소리가 나오는데, 이 기능은 동영상 소리 듣기와 관계가 없다. 동영상 소리는 화면에 표시되는 소리 그래프에 영향을 받는다. 가령, 아이폰 스피커 기능을 끈 상태이더라도 화면에서 볼륨을 높여주면 소리가 나온다는 뜻이다.

또한, 아이폰 카메라로 촬영을 할 때에도 마찬가지이다. 스피커를 끄고 동영상 화면에 소리까지 묵음으로 안 들리게 해놓고 동영상 촬영을 한다면 어떻게 될까? 그래도, 아이폰 마이크를 통해 영상에 연관된 오디오(소리)가 녹음된다.

끝내기

아이폰 화면에서 동영상을 그만 볼 경우엔 카메라 롤 를 눌러서 [사진앨범]으로 이동할 수도 있다.

빨리 이동하기

동영상을 보다가 다른 장면으로 빨리 이동하는 방법은 영역을 이용하는 것이다. 손가락으로 을 누르고 원하는 위치로 이동하면 해당되는 곳의 영상이 나온다.

잠시 멈추기

아이폰 화면에서 동영상을 보다가 잠시 멈추려면 ▮▮을 누른다.

화면에 맞추기

아이폰에서 동영상을 보는 과정을 알아두자. [사진 앨범]에서 동영상 목록을 고르면 해당 동영상이 화면에 표시된다.

동영상을 볼 때는 화살표 ▶ 또는 ▶을 눌러서 플레이한다.

동영상이 플레이 된다. 동영상을 보던 중이라도 삭제할 경우엔 휴지통 🗑을 누른다.

화면을 손가락으로 가볍게 건드리면 동영상 조작표시가 사라지고 동영상만 나온다.

동영상 목록을 선택한 다음에 동영상을 플레이 하지 않고 화면을 가볍게 건드리면 플레이 버튼만 표시되고 다른 기능 표시는 사라진다.

동영상을 보다가 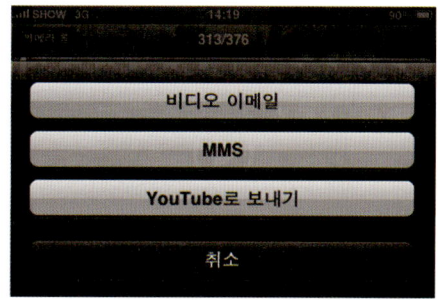을 누르면 동영상을 비디오파일로 첨부해서 이메일로 보낼 수 있다. 또한, MMS로 보내거나 유투브로 보내는 기능도 사용 가능하다.

이상으로 아이폰 바탕화면에서 [사진 앨범]을 열면서 동영상을 여는 방법에 대해 살펴봤다. 이어서 동영상을 간단하게 자르는 방법에 대해 알아보도록 하자. 이른바 테이밍이라고 해서 동영상을 원하는 길이로 줄이는 방법이다.

2 아이폰에서 동영상 자르기

아이폰에서 촬영한 동영상을 아이폰에서 자르는 방법은 테이밍을 사용한다. 동영상 화면에서 위에 보이는   의 영역을 이용하는 방식이다.

동영상 열기

'자르기'를 할 동영상을 골라서 화면에 올린다.

해당 동영상은 [사진앨범]에서 확인해본 바 와 같이 41초 분량의 동영상이다.

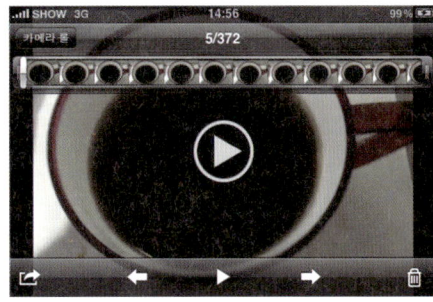

동영상 자르고 싶은 부분 지정하기

이 동영상의 화면 위에 보이는 의 오른쪽 끝 부분에 손가락을 대고 원하는 길이만큼 왼쪽으로, 또는 왼쪽 끝에 손가락을 대고 원하는 길이만큼 오른쪽으로 이동한다.

손가락을 대는 순간 [트리밍Trimming]이란 단어가 표시되며 노란색으로 변한다.

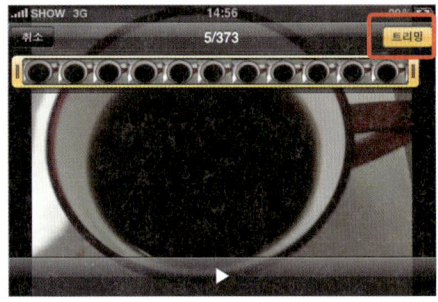

원하는 위치에 올 때까지 손가락을 댄 상태로 움직인다.

이어서 트리밍 을 손가락으로 살짝 눌러준다. 트리밍 메뉴가 화면에 표시된다. [원본 다듬기]를 눌러보자.

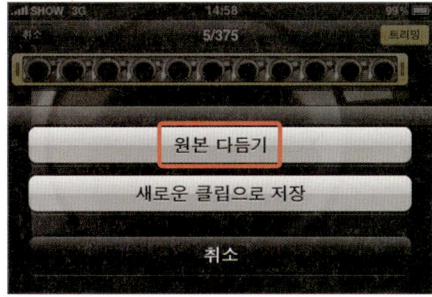

[비디오 트리밍 중] 메시지가 표시되며 동영상 자르기가 시작된다. [사진앨범] 목록에서 해당 동영상을 다시 확인해보자. 와 같이 36초 분량의 동영상으로 바뀐 것을 확인할 수 있다.

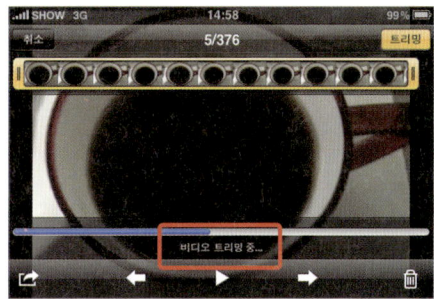

동영상 자르고 새로 만들기

[트리밍] 기능에서 [새로운 클립으로 저장]을 선택해보자. '클립'이란 다른 뜻이 아니라 동영상처럼 '콘텐츠' 그 자체를 말한다. 따라서, 새로운 클립으로 저장이라 함은 또 하나의 동영상 파일로 저장한다는 뜻과 같다.

이번에는 1분14초 분량의 동영상으로 테스트해보자. 을 골랐다. 트리밍하는 방식으로 다시 동영상 분량을 조정하도록 하자. 와 같이 원본 동영상은 그대로 있고, 시간 분량이 다른 동영상 한 개가 추가된 것을 확인할 수 있다.

동영상 원본의 길이를 줄여서 새로운 동영상으로 만들 수 있고, 원본 동영상은 그대로

두되 또 다른 길이의 동영상 파일을 추가할 수도 있다. [트리밍] 기능을 사용하기 전에 길이를 조절해본 동영상을 미리 플레이 해보고 원하는 내용으로 구성되었는지 먼저 확인하는 게 필수이다.

chapter 4

아이폰에서 동영상 빼기

아이폰으로 촬영한 동영상을 컴퓨터로 가져오는 방법에 대해 소개한다.
아이폰에서 컴퓨터로 내려 받아서 동영상을 편집할 수 있다.
아이폰에서 동영상을 빼는 방법은 윈도우 프로그램에서
자동 실행되는 '카메라 마법사'를 이용하는 방법과 '아이튠즈'를 사용하는 방법이 있다.

카메라 마법사 사용하기

아이폰과 컴퓨터를 연결하면 컴퓨터 바탕화면에 Microsoft 스캐너 및 카메라 마법사 가 실행된다. 프로그램이 자동으로 실행되는 과정은 잠시 기다린다.
스캐너 및 카메라 마법사가 시작된다.
다음(N)> 을 실행한다.

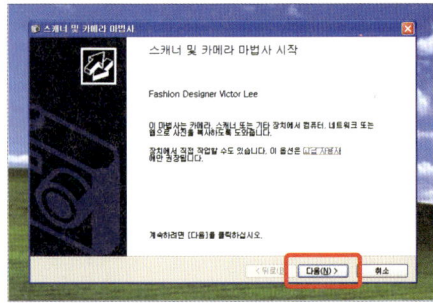

카메라 마법사가 자동으로 실행되면서 아이폰 폴더에서 저장된 사진동영상 포함을 표시한다. 아이폰에 저장된 전체 사진이 표시되므로 필요한 사진만 빼기 위해 일단 [모두 지우기] 모두 지우기 를 선택하여 □안에 ∨표시를 사라지게 한다.

사진 표시가 모두 사라졌다. 아이폰 폴더에서 컴퓨터로 빼낼 사진만 체크해보자.

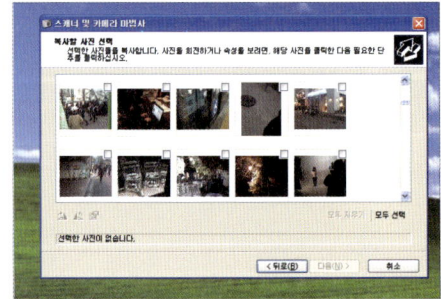

사진을 선택한 이후 다음(N)> 을 누른다.

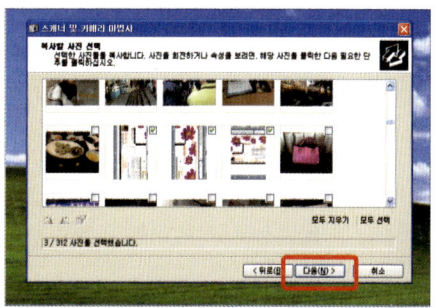

선택한 사진을 저장할 컴퓨터 내에 폴더와 사진 이름을 설정한다.
☑복사 후 장치에서 사진 삭제(D)을 설정하면 아이폰에서 선택한 사진을 컴퓨터로 옮긴 후에 아이폰 폴더에 있는 사진은 자동 삭제가 된다. 다음(N)> 을 누른다.

선택한 사진들이 컴퓨터 바탕화면으로 저장되고, 아이폰에 있던 사진은 삭제가 되었다.

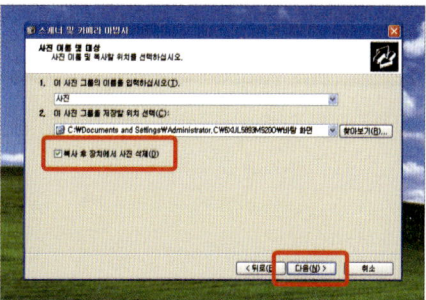

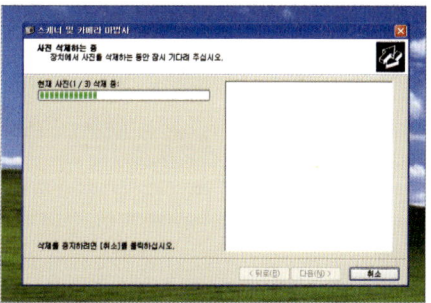

추가 작업 여부를 선택하고 다음(N)> 을 누른다.

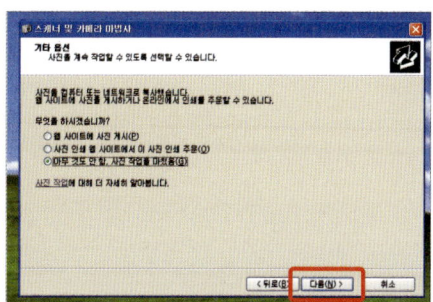

PART 2
만들기
아이폰으로 영화를 촬영해볼까?

아이폰에서 필요한 사진파일을 컴퓨터로
저장했다. [마침]을 누른다.

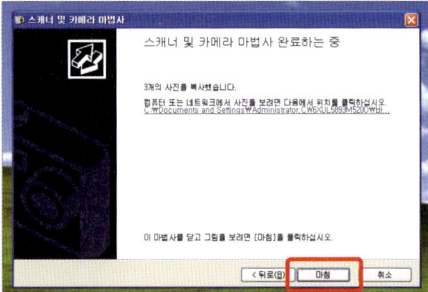

컴퓨터 지정 폴더에 저장
했다. 사진들이 표시된다.

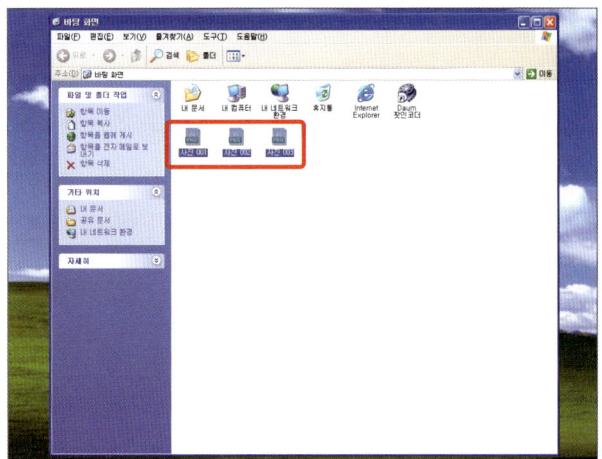

> 주 카메라 마법사 기능은 사진과 동영상을 모두 '이미지'로 표시한다. 따라서, 동영상 첫 화면
> 을 보고 판단하여 컴퓨터로 옮길 동영상 파일일 경우 사진과 똑같이 취급한다.

윈도우 탐색기 기능 사용하기

윈도우 탐색기를 이용하는 방법을 알아두자. 마우스로 시작 메뉴를 선택하고, 모든 프로그램(P) 을 누른 후, 보조프로그램 을 선택한다. Windows 탐색기 를 누르고 아이폰 폴더를 선택한다.

필자는 아이폰 폴더를 Fashion Designer Victor Lee로 지정해두었는데, 컴퓨터에도 역시 같은 이름인 Fashion Designer Victor Lee 으로 표시된다. 마우스로 이 폴더를 누르면 아이폰에 저장되어 있는 사진과 동영상들이 표시된다.

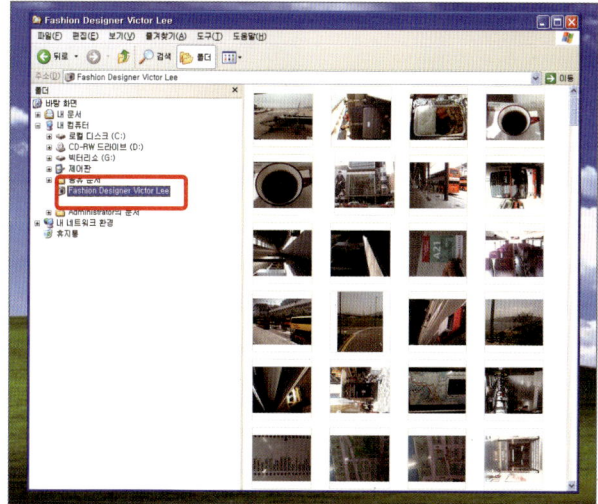

컴퓨터로 옮길 사진과 동영상 파일을 마우스로 선택한다.

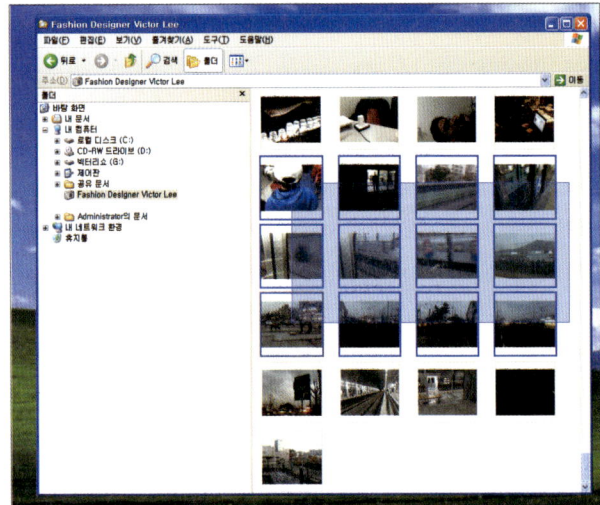

마우스 왼쪽 버튼을 누른 채 아이폰에 있는 파일사진과 동영상을 컴퓨터로 옮겨서 보관할 폴더에 위치한 후 누르고 있던 마우스 왼쪽 버튼에서 손가락을 뗀다.

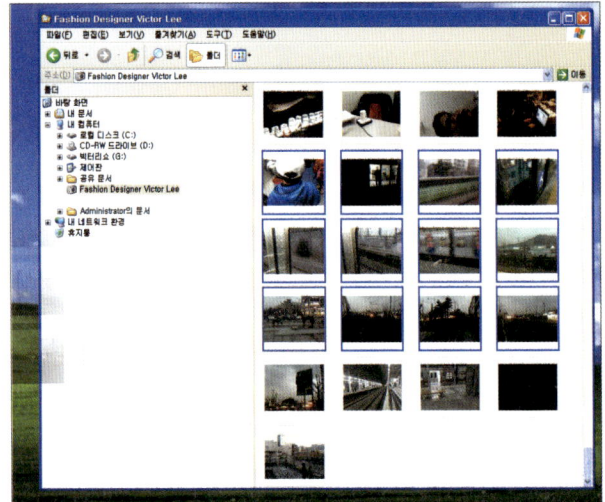

사진과 동영상은 이와 같은 방식으로 아이폰에서 컴퓨터로 손쉽게 옮길 수 있다. 이 방법 외에도 아이튠즈를 사용해서 '사진' 폴더의 동기화를 실행하면 컴퓨터에 자동으로 옮겨진다. 단, 이 방법은 아이튠즈에 익숙한 사람들에게 편리하다. 그러나 자칫하다가는 아이폰 폴더에 있는 사진과 컴퓨터에 있는 사진들이 서로 혼동되어 삭제될 수 있으니 충분히 이해하고 사용하도록 하자.

무료 소프트웨어 Daum 팟인코더로 배우는

진짜 쉬운 영상편집 노하우를 배워보자.

스마트폰으로 담은 동영상이 있다면,

이제부터 나 혼자라도 편집해보자.

아이폰으로 만든 동영상도 좋고

윈도우용 미엣 프로이드 포토로이 픽닉스 갤러리의 동의

어떠한 스마트폰으로 만든 동영상이라도 좋다.

내가 촬영한 동영상이 있다면 이제 나 혼자서

손쉽게 꾸미는 편집일법에 대해 알아보자.

동영상 만드는 즐거움이 몇 배로 늘어날 것이다.

PART 3
꾸미기
아이폰 영화를 컴퓨터에서 나 혼자 손쉽게 편집해볼까?

POST-PRODUCTION
포스트 프로덕션

chapter 1
팟인코더를 컴퓨터에 설치하자

동영상 용량에 따라 인터넷에 업로드할 수 있게 해주고,
PC와 PMP를 포함하여 오디오 추출 기능까지 제공하는 기능이 있다.
스마트폰 및 내비게이션을 위한 동영상까지 만들 수 있는 프로그램이 무료 제공된다.
Daum에서 제공하는 팟인코더(PotEncoder)를 설치하고 그 사용법에 대해 알아두자.

다운로드

Daum에서 제공하는 동영상 제작 프로그램 '팟인코더'는 인터넷에서 누구나 자유롭게 다운로드 받을 수 잇는 무료 소프트웨어이다.

인터넷 팟인코더 페이지에서 [팟인코더 다운로드] 를 누른다.

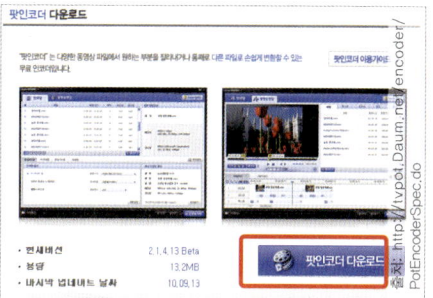

팟인코더를 컴퓨터에 [저장] 해두고 다음에 설치할 수도 있다. 또는 인터넷에서 다운로드 받는 즉시 설치를 하기 위해서 [실행][실행(R)]을 선택한다.

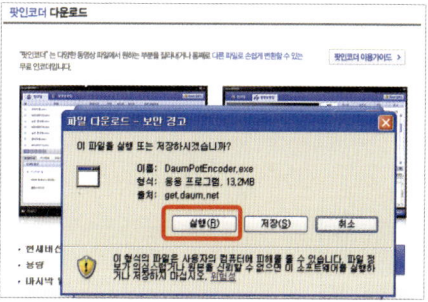

팟인코더가 다운로드 과정이 시작된다.

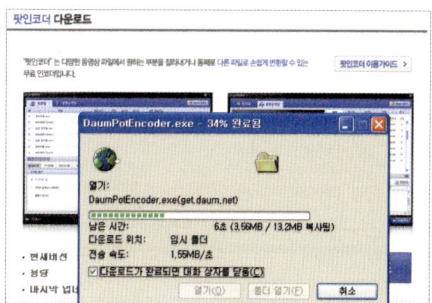

PART 3
꾸미기
아이폰 영화를 컴퓨터에서 나 혼자 손쉽게 편집해볼까?

[이 소프트웨어를 실행하시겠습니까?]
에서 [실행] 실행(R) 을 누른다.

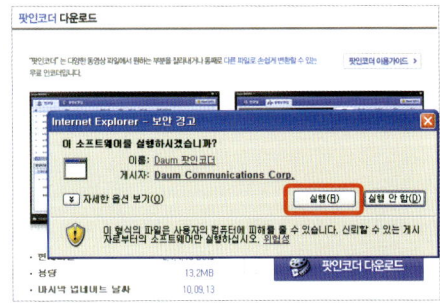

팟인코더 설치를 시작한다.
[다음] 다음(N) > 을 누른다.

이용약관 동의

이용약관에 동의하는 과정이다.
[동의함] 동의함 을 선택한다.

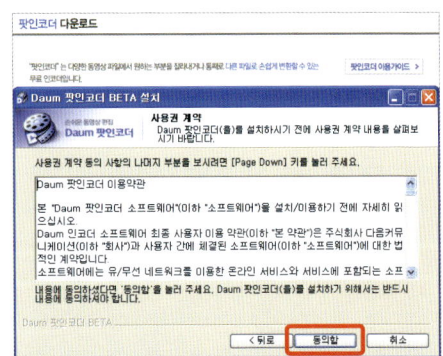

구성요소 선택

팟인코더를 구성하는 구성요소에 대한 내용이다.
[바탕화면에 바로가기 만들기], [시작메뉴에 바로가기 만들기], [Daum을 시작페이지로 설정]에 대해 원하는 부분 □를 마우스로 선택하여 ∨ 표시를 한다. 전체 설치에 필요한 하드디스크 용량은 28.9M이다.
[다음] 다음(N) 을 선택한다.

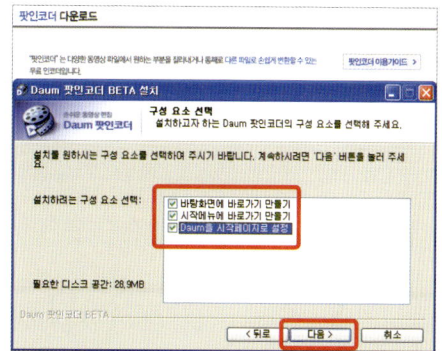

설치 위치 선택

컴퓨터에 팟인코더를 설치할 폴더를 설정하는 과정이다.
필자의 컴퓨터 폴더는 C:\Program Files\Daum\PotEncoder\ 로 지정했다.
[설치] 설치 를 누른다.

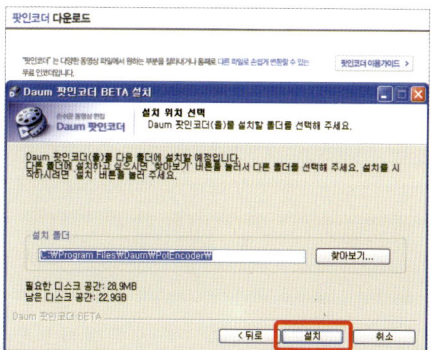

팟인코더 설치 완료

팟인코더 설치를 시작한다.

팟인코더 설치가 완료되었다. 설치 과정을 마치기 위해 [마침]을 누른다.

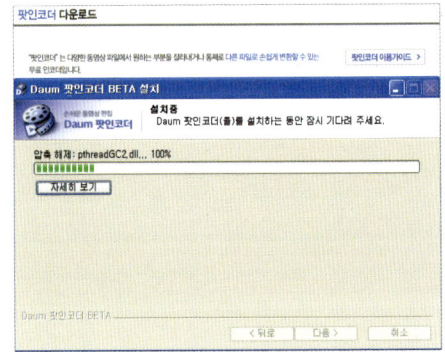

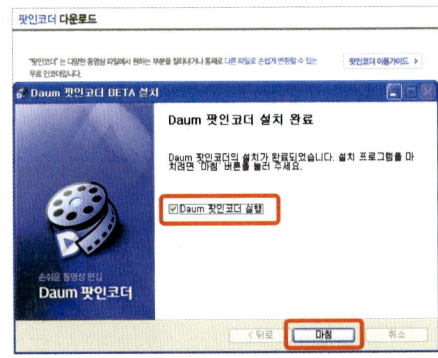

[팟인코더]가 실행되었다.

자, 이제 시작이다. 즐거운 동영상 편집의 세계로 들어가 보자. 어떠한 동영상이라도 좋다. 나 혼자 손쉽게 편집하는 방법이다. 생일파티 동영상, 여행지에서 촬영해온 동영상, 입학과 졸업 행사장에서 남긴 동영상도 있고, 학원강의를 촬영한 동영상도 있다. 뿐만 아니라 CCTV 동영상이라도 나만의 동영상으로 편집 한 번에 뚝딱 가능하다.

동영상 편집은 카메라를 잘 아는 전문가만 할 수 있다고? 절대 아니다! 이제 내가 동영상 만들고, 내가 편집하자. 스마트폰 한 대로 열어가는 재미있는 동영상 시대이다.

chapter **2**

동영상을 만드는 손쉬운 방법, 따라해보자.

1 팟인코더 실행하기

Daum팟인코더 프로그램은 [인코딩]과 [동영상편집]으로 나뉜다. [인코딩]은 내가 가진 동영상을 스마트폰, 내비게이션, PC, PMP 등의 기기에 저장하기 위한 동영상으로 변환해주는 기능이다.

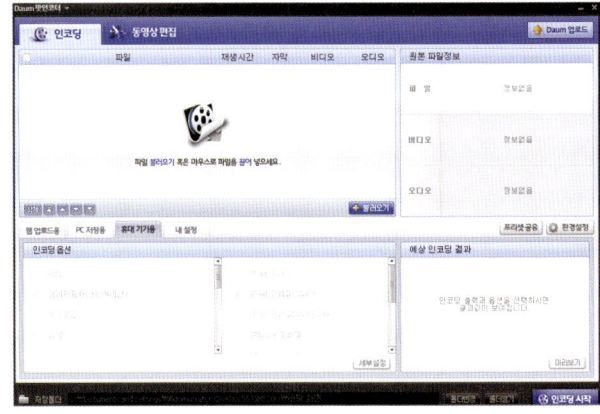

자막을 넣고, 여러 동영상을 서로 붙이고, 자르는 등의 동영상 만들기에 필요한 기능은 [동영상편집] 메뉴에서 가능하다.

[동영상편집] 메뉴를 실행하자.

동영상 파일을 불러오려면 불러오기 를 누른다.

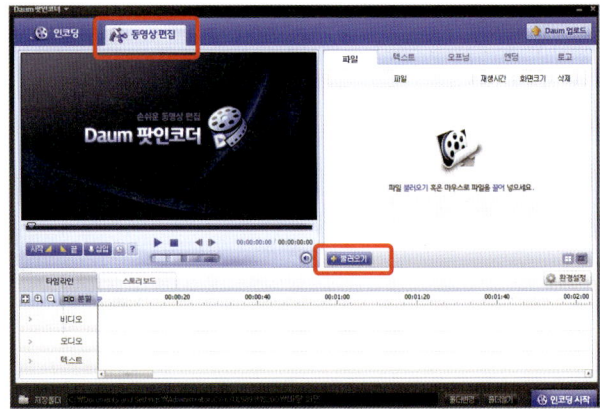

편집할 동영상을 찾아서 열기(O) 을 누른다.

[파일] 영역에 선택한 동영상이 표시된다. 파일 영역에 동영상 이름을 마우스로 누른 상태에서 영상 영역 이나 비디오 영역 에 오게 한 후에 마우스에서 손가락을 뗀다.

각 영역에서 동영상이 표시된다. 은 동영상에 포함된 오디오소리가 표시되는 부분이다.

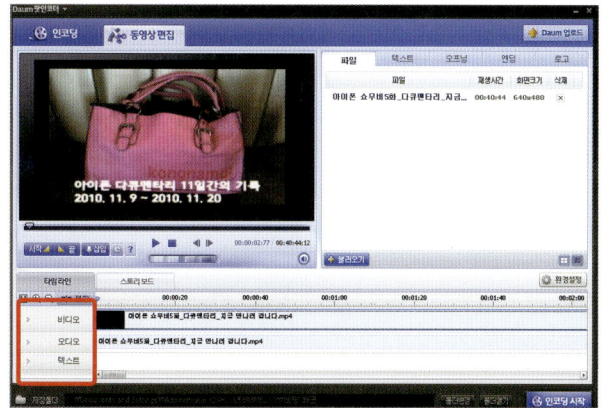

PART 3
꾸미기
아이폰 영화를 컴퓨터에서 나 혼자 손쉽게 편집해볼까?

만약, 뮤직비디오 같은 동영상일 경우 오디오만 따로 떼어내서 mp3 파일로 사용할 수도 있다. 오디오 영역에 마우스를 올려놓은 후 마우스 오른쪽 버튼을 눌러서 메뉴를 열고, [오디오만 추출] 메뉴를 선택한다.

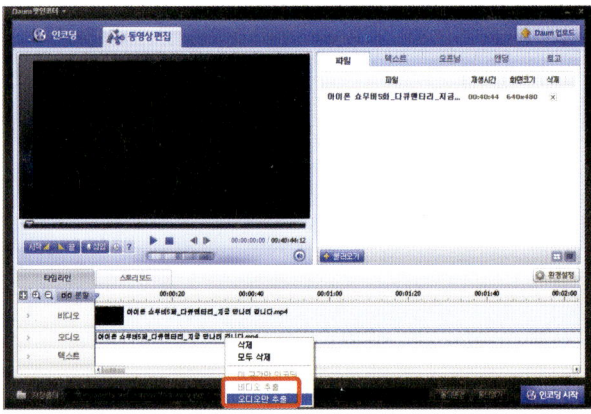

2 동영상 자르기

동영상을 플레이PLAY 하는 상태에서 시작하는 부분에 [시작]을 눌러서 표시하고, 끝나는 부분에 [끝]을 선택해서 표시한다.

[시간으로 자르기] 기능을 사용할 수도 있다. 을 눌러서 시간 표시 창을 표시한 후 잘라내기를 할 동영상의 각 시간을 설정한다.

0.1초 단위로 세밀한 영상 편집이 가능하다.

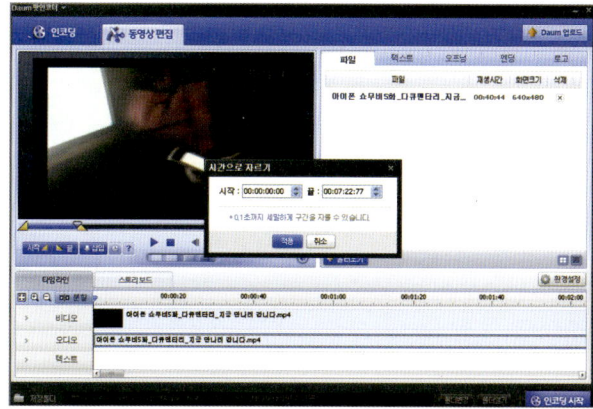

삽입을 누르면 구간 자르기를 설정한 동영상 부분이 기존 동영상에 추가 되어 표시된다.

동영상을 플레이▶하면서 조작할 수 있는 기능으로 ▬▬▬으로 동영상의 화면을 원하는 위치로 이동할 수 있다.

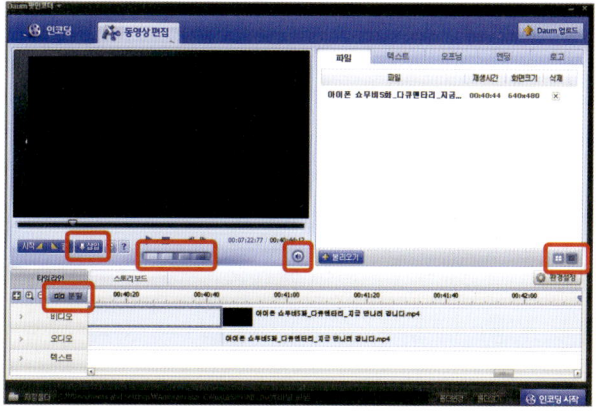

🔊는 동영상의 오디오소리를 조절하는 표시이다. 마우스로 누르면 세로로 이미지가 표시되며 원하는 크기만큼 높이를 조절한다.

▦은 동영상 목록 보기를 대표 이미지로 보게 하는 기능이다. 이미지를 선택하면 [파일] 영역에 이미지로 표시된다.

▬은 동영상 목록을 텍스트 형태로 표시하는 기능이다.

📍은 마우스로 누르고 이동시키면서 원하는 동영상 위치로 이동하는 기능이다. 여러 동영상을 연결하는 작업을 하면서 타임라인에 동영상을 올려두고 연결 부분만 지정해

PART 3
꾸미기
아이폰 영화를 컴퓨터에서 나 혼자 손쉽게 편집해볼까?

서 볼 수도 있다.

[분할]은 동영상 타임라인에서 ▼을 사용해서 위치를 지정한 후 [분할]을 눌러주면 동영상 파일이 분리된다. 단, 1초 이하의 길이는 분리할 수 없다.

◀▶ 표시는 각각 좌우로 1초씩 움직이게 해준다. 마우스로 한 번 누를 때마다 1초씩 이동한다.

[폴더변경]은 동영상을 인코딩한 이후에 저장할 폴더를 지정하는 기능이다.

[폴더열기]은 현재 지정된 동영상 폴더를 여는 기능이다.

[환경설정]은 동영상의 비디오, 오디오, 자막 등의 기능에 대해서 세부 설정을 하는 메뉴이다. 이 기능은 팟인코더 소프트웨어에 익숙하게 되면 사용하는 게 좋다. 초보자들에게는 다소 까다로운 기능을 설정하는 메뉴이다. 세부 설정을 하는 대신에 동영상 인코딩 저장 기능에서 각 기기에 적합한 동영상으로 인코딩 해주기만 하면 자동으로 변환된다.

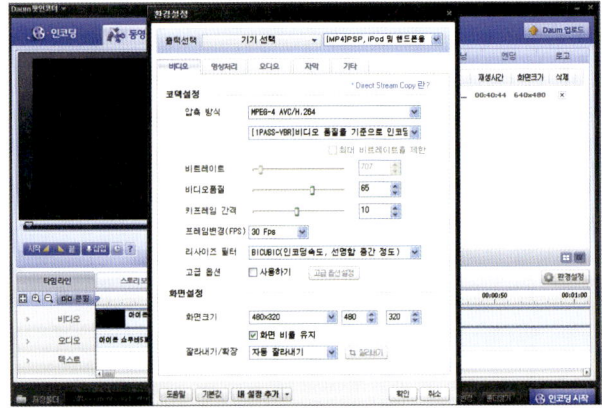

3 텍스트 자막 입력

동영상에 자막을 넣는 방법에 대해 알아보자.
팟인코더 텍스트 메뉴를 사용하면 동영상에 넣을 자막의 위치, 효과, 색상, 크기 등을 설정할 수 있다.

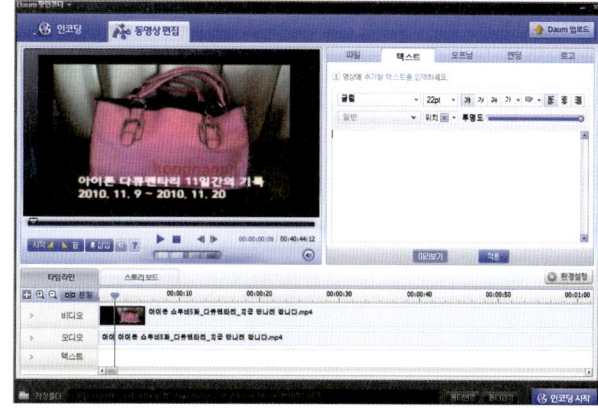

자막 크기

자막 영역에 원하는 텍스트를 입력한다.
자막 메뉴 가운데 크기 지정 메뉴에서 원하는 글자 크기를 18pt · 을 설정하고 미리보기 을 누르면 영상 창에 자막이 지정한 크기로 표시된다.

자막 위치

자막 위치 메뉴는 자막을 영상에 표시할 위치를 설정하는 메뉴이다. 위치▦·를 마우스로 눌러서 원하는 위치를 마우스로 선택한다.

마우스로 위치▦·을 누르면 와 같은 창이 열린다. 상하좌우 9개의 위치에서 마우스로 원하는 위치의 표시를 선택한 후 [적용]을 눌러서 동영상에 적용시킨다. 자막 위치는 미리보기 로 확인한 후에 적용 을 누른다.

자막 속성

자막 속성 중 텍스트 자막의 속성을 설정해보자. 먼저 글자 모양은 굴림 ·을 마우스로 눌러서 다양한 글자체를 설정할 수 있다.

다른글꼴선택 을 선택하면 다른 글자체를 추가로 설정할 수 있다.

텍스트 속성 중 가는 굵게 하는 기능이다. 〃는 기울게 표시하는 기능이다. 〃는 줄을 긋는 기능이다. ▦▦▦는 배열을 설정하는 기능이다.

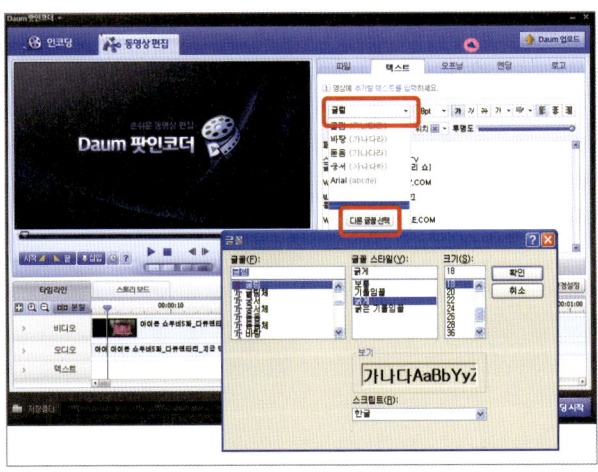

텍스트에 효과를 줘보자. 일반 ·는 다양한 효과를 설정하는 기능이다. 마우스로 누르면 와 같이 다양한 효과를 설정할 수 있다.

자막 색상

자막의 색상을 설정할 수 있다. ▩·으로 바탕색을 설정하고, ᐟ·는 색상을 설정하는 기능이다.

ᐟ·을 마우스를 누르면 ▦ 와 같은 색상표가 나타난다. 다른색선택 을 누르면 ▦ 와 같은 색상표가 나타나서 다양한 색을 설정할 수 있다.

▩·을 마우스로 선택해보자. ▦ 와 같은 색상 설정 기능이 표시된다. 다른색선택 을 누르면 ▦ 와 같은 추가 색상표를 이용할 수 있다.

자막 적용

텍스트 속성을 설정하고 동영상에 적용 시킨다. 투명도 ━━━━ 을 사용하면 동영상에 표시되는 자막의 투명도를 설정할 수 있다.

4 그 외

오프닝 입력

동영상 오프닝이란 동영상 앞에 시작하는 영상을 말한다. 동영상에 대한 소개 또는 동영상에 관한 내용을 일부 담을 수 있다.

배경·을 사용해서 오프닝 영상의 다양한 효과를

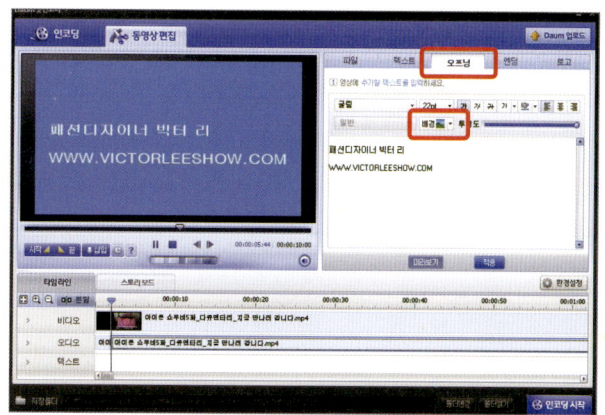

더할 수 있다.

배경효과를 바꿔보자.

엔딩 입력

[엔딩]은 [오프닝]의 반대 개념이다. 동영상의 마무리에 붙여서 동영상에 참여한 사람들 소개를 넣는 영역이다.

추가 을 사용해서 엔딩에 들어갈 명단을 추가하거나 빼기 을 눌러서 명단을 삭제할 수 있다.

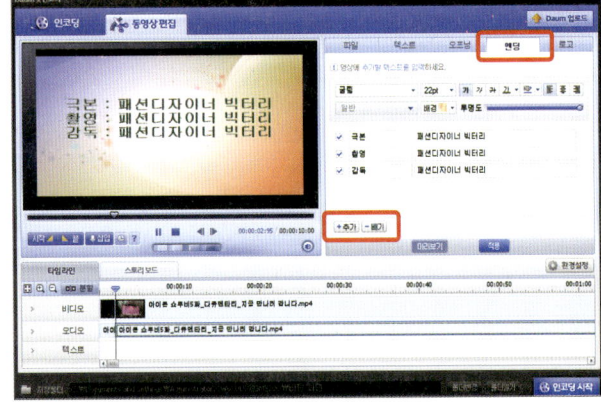

로고 입력

동영상에 나만의 로고를 넣어보자. JPG, BMP, PNG 확장명을 가진 이미지 파일을 로고LOGO로 사용 가능하다. 방송국에서 각 사의 영어알파벳을 텔레비전 영상에 표시하는 것과 같다.

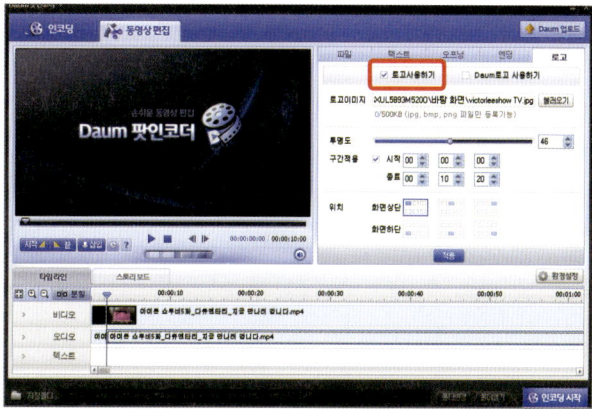

chapter 3
동영상을 변환하는 '인코딩'에 대해 알아보자

스마트폰으로 촬영한 동영상 편집을 마쳤다면 이제 각 용도에 맞는 동영상 인코딩을 해보자.
스마트폰에 넣어 갖고 다닐 수 있으며,
내비게이션에 넣어 자동차 안에서 극장처럼 영상을 감상할 수도 있다.
인터넷에 올리거나 PC 또는 PMP에 저장해서 가정에서 즐길 수도 있다.
동영상을 간단하게 변환하는 방법에 대해 알아두자.

1 파일 불러오기

동영상 편집을 위한 인코딩 대신 동영상을 있는 그대로 변환시켜주는 인코딩에 대해 알아두자. 동영상 변환 작업도 역시 팟인코더로 가능하다.

동영상 파일을 불러오기로 가져오거나 마우스로 동영상 파일을 누른 채 이동시켜서 파일 영역에 넣을 수 있다.

[불러오기]을 사용해서 동영상 파일을 파일 영역에 넣었다.

동영상 파일이 많을 경우 [삭제][▲][▼]을 활용해서 관리한다. [삭제]를 하거나 동영상 파일 순서를 변경할 수 있다.

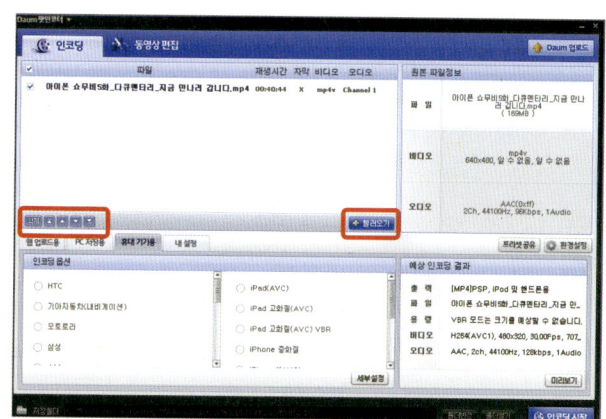

2 옵션 설정

동영상 인코딩 옵션은 [웹업로드용]과 [PC저장용], [휴대 기기용], [내 설정]으로 분류한다.

웹 업로드용 옵션

인터넷에 동영상을 올릴 때 사용한다. Daum, 네이버, 미니홈피 등에 올릴 때는 100MB 인코딩을 선택한다. 단, 네이버

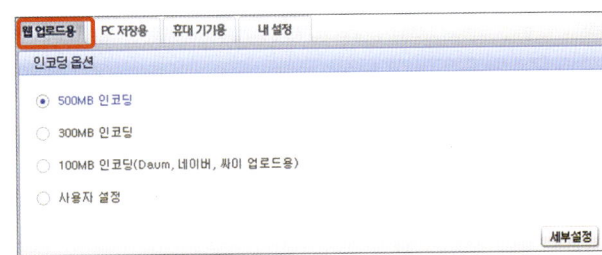

의 경우 용량은 100MB로 제한되고, 시간은 10분까지만 가능하다.
예를 들어, 용량은 90MB이고, 동영상 시간길이는 20분이라면 네이버에 올릴 땐 10분까지만 업로드가 된다는 뜻이다.

PC저장용 옵션

PC 또는 PMP에 저장해서 사용할 때 사용한다. 또는, 인터넷 동영상으로 사용하거나 플래시비디오 형태로 만들 때 적용

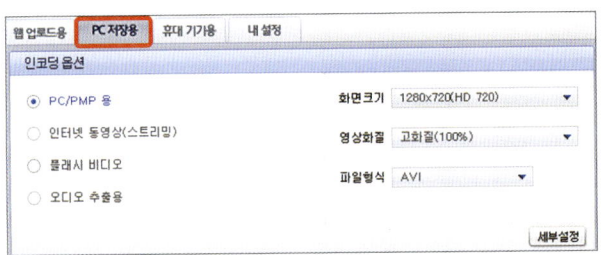

한다. 화면 크기와 영상화질, 파일형식은 사용하려는 기기에 맞게 설정한다.

휴대 기기용 옵션

애플사의 아이폰, 아이패드, 아이팟에 저장할 동영상으로 변환할 때 설정할 수 있다. 뿐만 아니라, HTC社의 스마트폰

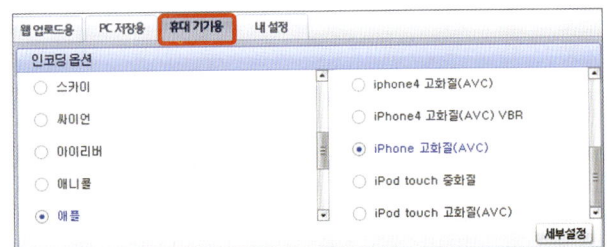

디자이어에 사용할 동영상을 특정하여 인코딩 할 수도 있다. 모토로라, 삼성전자, 소니, 소니에릭슨社 등의 제품에 사용할 동영상 인코딩을 지정할 수 있다.
네비게이션과 전자사전에 저장할 동영상으로도 변환할 수 있다.

내 설정 옵션

을 통해서 [내 설정 추가]를 저장할 수 있다.

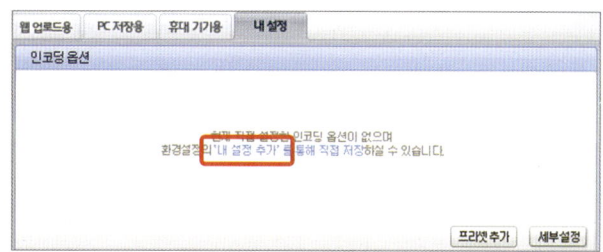

[내 설정]을 미리 정해두고 등에서 동영상을 변환할 때마다 적용할 수 있다.

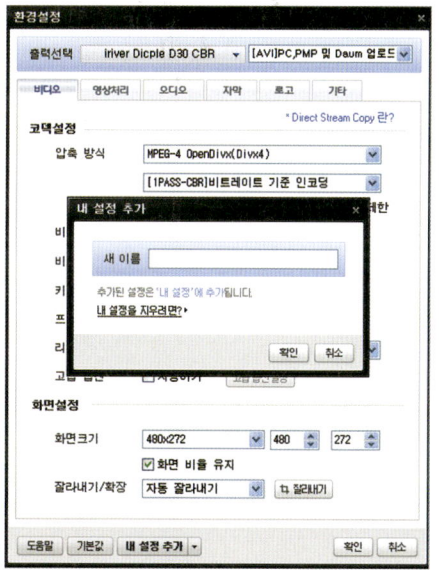

3 세부 설정

세부설정 은 동영상 인코딩 작업에서 자세한 조건을 설정하는 과정이다.

자세한 기능 및 인코딩 후에 동영상을 활용할 기기 등에 따라서 동영상의 파일형식 및 해상도 등을 설정할 수 있다.

미리보기 을 사용해서 인코딩 후의 동영상 형태를 미리 확인할 수 있다.

세부설정 에 대해 알아보자.

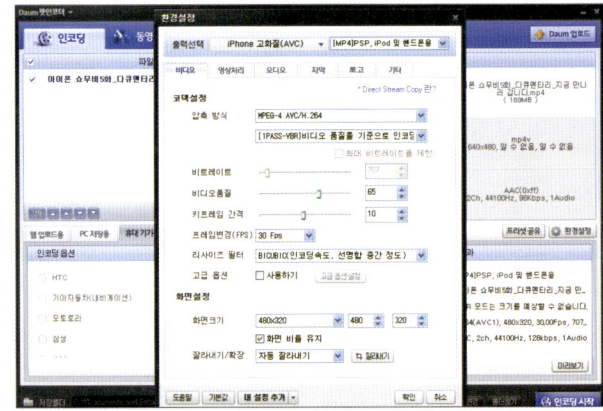

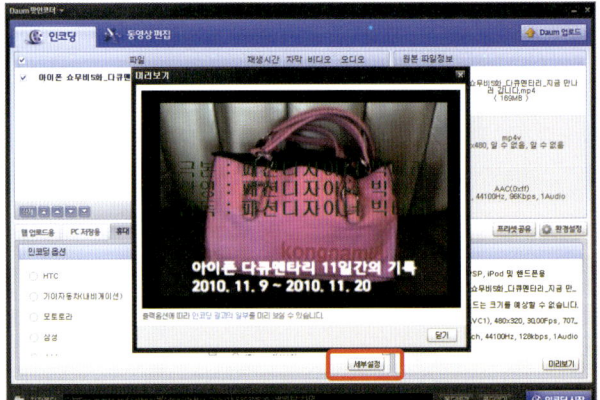

[출력선택]은 동영상을 사용할 기기와 제조사 별로 분류하고, AVI, WMV 등의 동영상 형태를 설정한다.

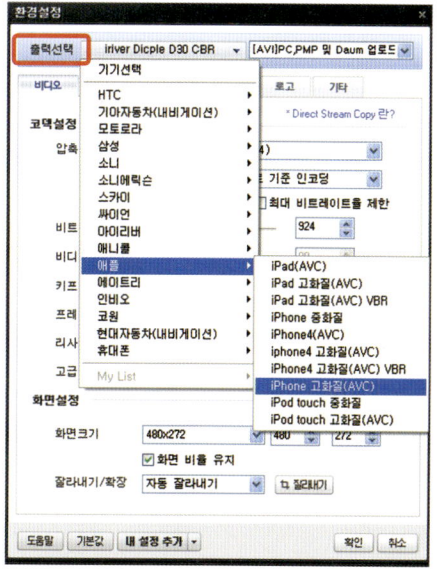

비디오

① 코덱설정

- 압축방식 : MPEG-4 형태로써 H.264 방식 등 동영상 방식을 설정한다. 비트레이트와 비디오 가운데에서 기준을 설정한다.
- 비트레이트 : 동영상은 1초 동안 몇 개의 사진을 연속으로 보여 주는가로 결정하는데 사진의 개수를 프레임이라 하고, 사진의 화질을 비트레이트라고 말한다. 비트레이트가 높으면 동영상 용량이 커진다.

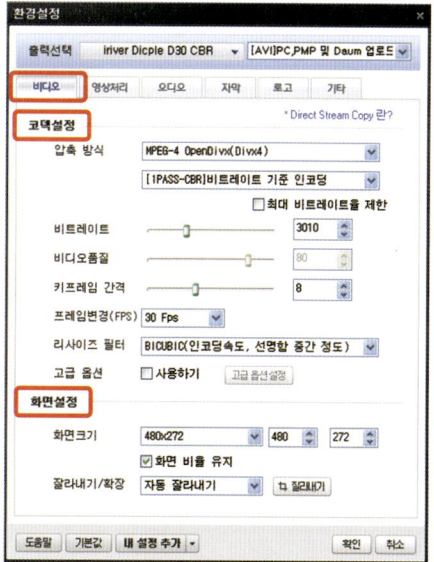

- 비디오 품질 : 해상도를 설정한다.
- 키프레임 간격 : 키프레임이 10이라면 10프레임마다 키프레임을 생성한다. 키프레임 사이에 변화된 데이터로 프레임을 구성한다. 간격이 넓은 경우 인코딩 사이즈가 줄어들고 간격이 좁은 경우 늘어난다.
- 프레임 변경 : 1초당 사진 개수를 설정한다. Fps = Frame per second
- 리사이즈 필터 : 리사이즈+필터로 이뤄진 단어이다. 인코딩/디코딩에서 쓰는 필터라는 뜻은 컴퓨터의 응용프로그램에서 플러그인으로 만드는 추가 기능과 비슷하다. 필터의 종류를 바꿔주면 동영상 결과물이 달라진다.
- 고급 옵션 설정 : Main, R.C, M.E, Mask 등으로 나눈다. 최소 프레임 간격에서 최대 프레임 간격 등을 설정한다.

② 화면설정
- 화면 크기 : 동영상 화면의 가로X세로 크기를 128X96부터 1280X720까지 설정한다. 가로 세로 크기를 각기 다르게 설정할 수도 있다.
- 잘라내기/확장 : 4:3 또는 16:9 등의 비율로 잘라내기와 확장하기 설정이 가능하다.

영상처리

① 영상 속성 : 명도, 채도, 대비, 색상 설정을 조절한다.

② 영상 설정 : 동영상 화질을 부드럽게, 날카롭게, 블록제거 등으로 설정한다. 화면을 뒤집기 설정을 통해서 상하반전 또는 좌우반전을 할 수 있다. 90도 회전을 설정해서 시계방향, 시계 반대방향으로 회전 설정이 가능하다.

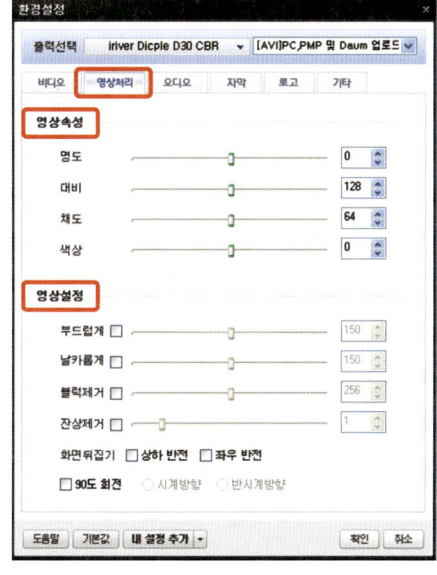

오디오

① 코덱 설정

- 압축방식 : MPEG 오디오 레이어 방식 등을 설정한다.
- 음질 : 48, 64, 96, 128, 192, 320에서 설정한다.
- 샘플레이트 : 영상이 아닌 음성에서 사용하는 단어로써 아나로그 또는 디지털 오디오를 읽을 때 신호 인식 방식을 설정한다. Hz가 높을수록 좋은 반면에 작업속도가 늘어난다.

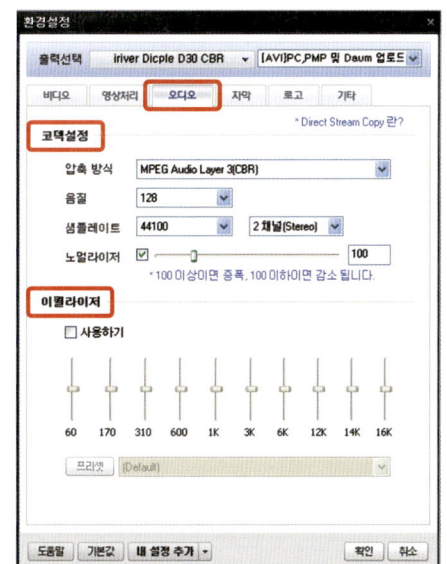

- 노멀라이저 : 음을 평평하게 해준다는 의미와 비슷하다. 볼륨 높낮이와도 약간 비슷하다.

② 이퀄라이저

음향 설정 기능으로써, BAR가 움직이는 방향 -12dB+12dB란 음량이고 BAR의 아래 숫자는 주파수를 뜻한다. 윈앰프 600 이하는 hz를 뜻하고 그 이상은 1000hz^{1Khz}로 표시한다. 주파수 숫자는 제작사에 따라 다르다.

자막

글꼴, 색상&투명도, 위치&여백을 설정한다. Closed Caption이란 자막 기능을 부여하지 않는 동영상이란 뜻이다. ASS/SSA란 자막 파일의 종류이다. 우리나라는 smi 자막파일이 주로 쓰인다. 가령, IDX, SUB 형태의 자막파일은 Vobsub이 설치되어야만 재생 가능하다.

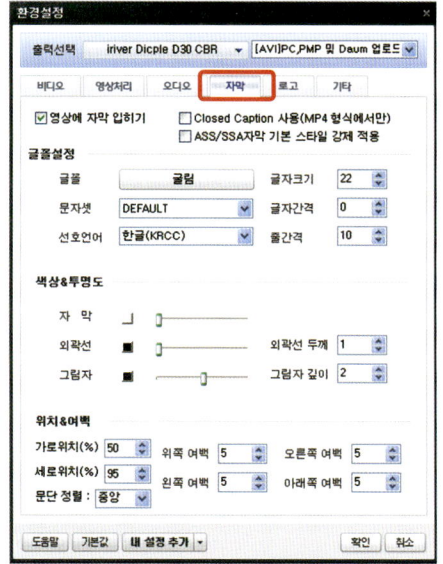

로고

로고 이미지, 투명도&구간적용, 위치 등을 설정한다.

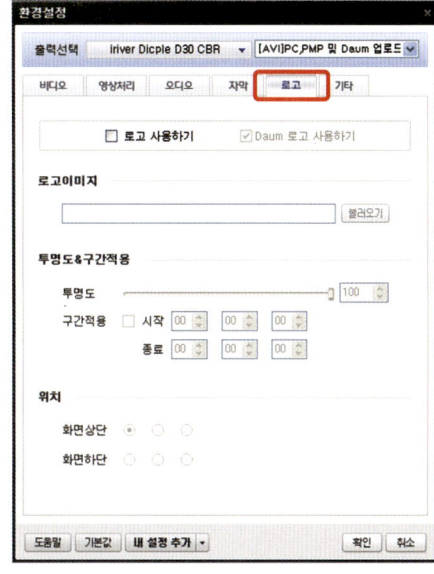

기타

① 파일 설정 : M4V, MAQ 등으로 파일명 규칙을 정하고, 저장폴더를 지정한다.

② 기타 설정 : PSP와 MP4 관련 설정 기능이다. 동영상 이미지 가운데 썸네일 이미지를 설정할 수 있다. VC1 코덱으로 내장코덱을 사용할 것인지 지정해둔다.

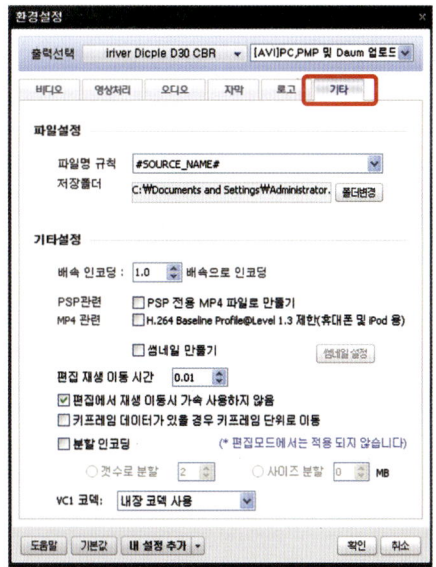

PART 3
꾸미기
아이폰 영화를 컴퓨터에서 나 혼자 손쉽게 편집해볼까?

4 인코딩 시작

동영상 변환작업을 하면서 설정을 마친 후에는 인코딩 작업을 시작하자. 인코딩 시작 을 선택한다.

인코딩 중 화면 미리보기 을 선택하면 인코딩 과정에 동영상이 화면에 나타난다. 인코딩 이 마무리 되면 지정해 둔 저장폴더 에 저장된다.

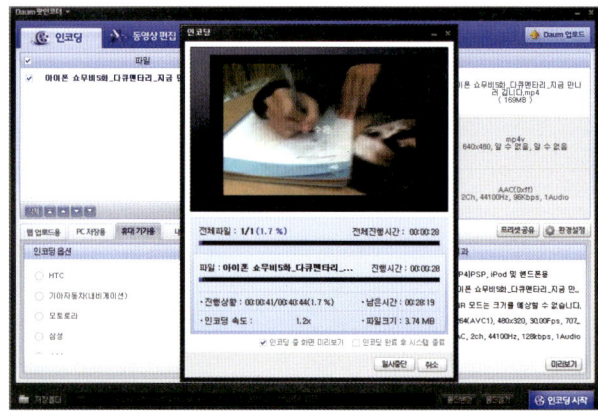

chapter 4

완성된 동영상을 Daum tv팟, 카페, 블로그에 올리자

동영상을 촬영하고 편집하고 인코딩까지 마친 후에는 인터넷에 바로 업로드가 가능하다.
Daum 회원이라면 자신의 동영상을 바로바로 Daum tv팟을 비롯해서 카페, 블로그에 업로드 해보자.
내가 만든 동영상을 다른 사람들과 공유하는 즐거움이 크다.
팟인코더를 사용하면서 Daum 업로드 을 사용하면
Daum사이트의 tv팟, 카페, 블로그에 동영상 업로드가 가능하다.

tv팟에 올리기

플레이리스트란 [마이팟]에 나만의 플레이리스트를 만들고 동영상 목록을 보관하는 메뉴이다. 여러 개의 리스트를 만들 수 있고, 같은 동영상 한 개를 리스트 별로 담을 수도 있다. '태그'란 동영상을 표시하는 검색어와 같다. 인터넷에서 검색할 때 내 동영상이 표시되게 하기 위해 사용한다. '태그'와 '태그' 사이는 콤마(,)로 구분한다.

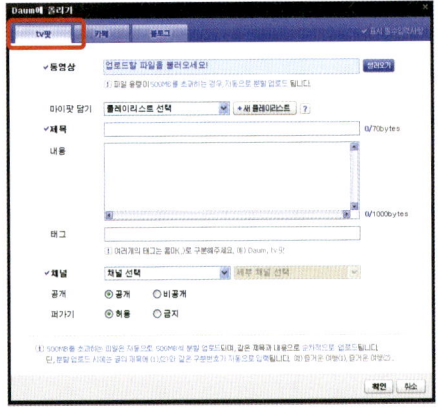

카페에 올리기

Daum 카페에 내가 만들거나 회원으로 가입한 카페를 선택하여 동영상을 올린다. 카페에 올리는 동영상을 동시에 tv팟에 [공개]할 수도 있다. 500MB를 초과하는 용량의 동영상 파일은 자동으로 500MB씩 분할되어 업로드 된다.

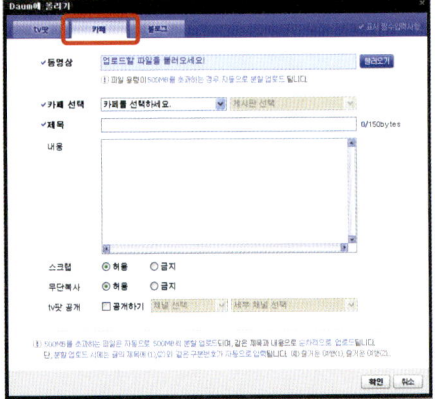

블로그에 올리기

내 블로그의 카테고리를 지정해서 동영상을 업로드 할 수 있다. 카페에서 업로드할 경우와 마찬가지로 tv팟에 동시에 [공개]할 수 있다.

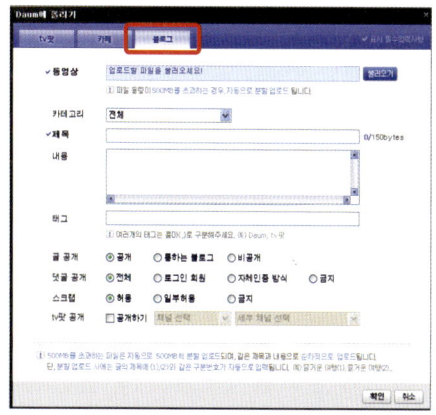

chapter 5
특수효과를 사용해서 나만의 동영상 만들자

동영상을 만들었는데 어딘지 모르게 나만의 개성이 없어 보이는 경우가 있다.
누구나 똑같은 방식으로 만든 동영상을 보고 있자면
나만의 특징이 드러나지 않아서 매력적이지 않다고 느끼는 경우도 생긴다.
사진으로도 동영상을 만들 수 있고, 동영상에 다양한 특수효과를 넣어 훨씬 재미있는 동영상으로 꾸밀 수도 있다.
나만의 개성 넘치는 동영상을 만들어 보자.

1 사진으로 만드는 동영상?

스마트폰으로 촬영한 동영상은 없는데 디지털 카메라로 찍은 사진이 있다면 사진만으로도 동영상을 만들 수 있다.

소프트웨어 설치하기

사진으로 동영상 만들기를 하기 위해 '알씨' 소프트웨어를 설치하도록 하자. Daum이나 네이버 검색창에 '알씨'를 입력하고 다운로드 받을 수 있다.

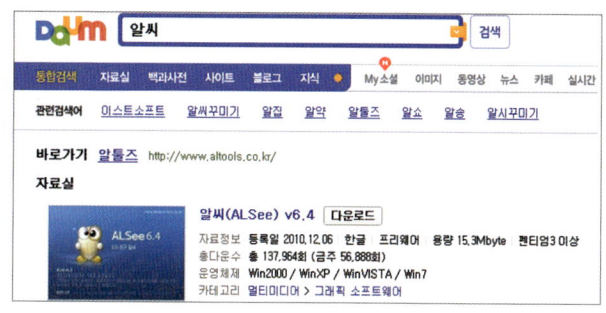

소프트웨어 실행하기

컴퓨터에 설치한 알씨 소프트웨어를 실행하자. 파일(F) 메뉴 중에서 [열기]를 실행하고, 컴퓨터 폴더에 저장된 이미지 목록이 표시한다.

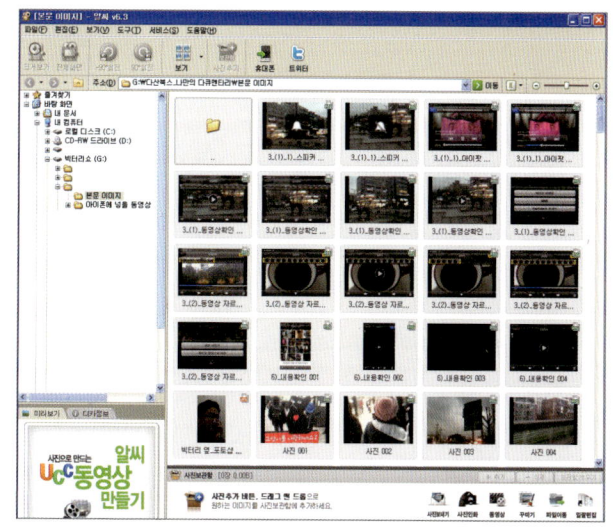

PART 3
꾸미기
아이폰 영화를 컴퓨터에서 나 혼자 손쉽게 편집해볼까?

동영상 만들기 메뉴 실행하기

도구(T) 메뉴를 열고 [동영상 만들기] 기능을 실행한다.

동영상 화면 비율을 선택한다. 4:3 비율과 16:9 비율에서 선택한다.
만든 동영상은 WMV 파일 형태로 컴퓨터에 저장된다.

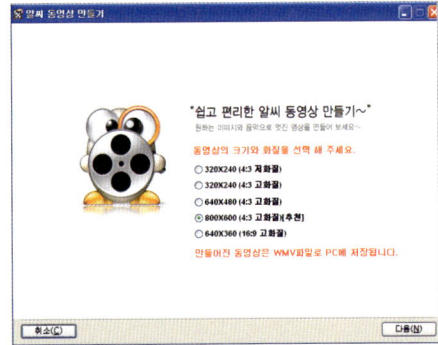

[사진] 영역에 사진을 ⊕을 눌러서 추가하고, 동영상에 넣을 [음악] 파일도 ⊕으로 추가한다. [음악] 파일은 mp3, wav 형태가 가능하다.

재생 시간 설정이란 사진 1장당 표시되는 시간을 의미한다. 가령, 사진 1장당 시간을 2초로 지정할 경우, 총 5개의 사진으로 동영상을 만들면 10초 분량의 동영상이 된다.

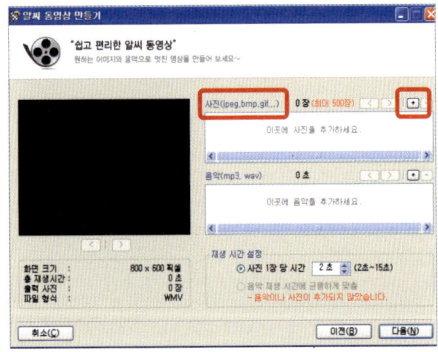

[음악]을 추가할 경우, '음악 재생 시간에 균등하게 맞춤'으로 동영상 분량과 음악 길이를 같게 할 수 있다.

① 사진추가하기

사진을 추가해보자. [썸네일 대표 이미지] 생성 중이란 메시지 창이 표시되고, 잠시 후 [사진] 영역에 선택한 사진들이 표시된다.

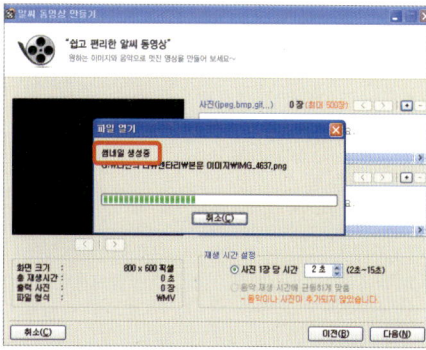

② 음악 추가하기

이번엔 [음악]을 추가해보자.

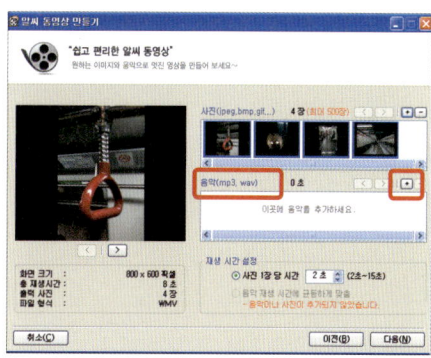

내가 보유한 음악파일을 추가했다. 음악에 비해 사진 수가 적을 경우 동영상과 음악의 분량을 맞출 수가 없다. 음악과 사진이 준비되면 다음 단계로 넘어가자. [다음(N)]을 누른다.

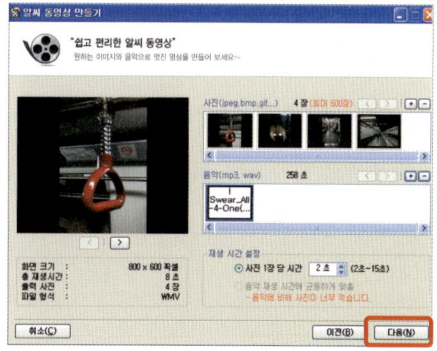

③ 효과 주기

[화면 전환 효과]는 사진을 표시하는 방법이며, [액자 효과]는 사진 테두리 이미지를 말한다.

화면전환 효과와 액자효과는 마우스로 선택하며 왼쪽 영상 창을 통해 적용될 형태를 미리 확인할 수 있다.

[다음(N)]을 누른다.

[타이틀], [자막], [엔딩] 설정 기능으로 이어진다.

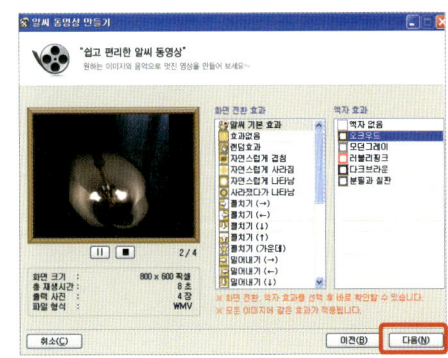

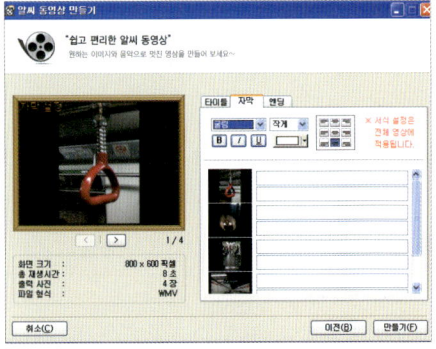

④ 타이틀 만들기

동영상에 표시될 타이틀을 입력한다. 동영상의 '제목'을 말한다. 을 이용해서 타이틀의 위치를 설정한다.

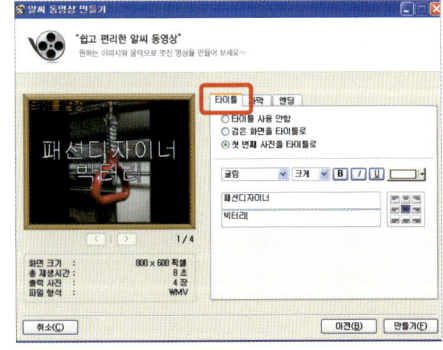

⑤ 자막 만들기

자막의 위치와 속성을 정한다. 각 사진별로 자막 입력이 가능하다.

⑥ 엔딩 만들기

동영상 엔딩을 만드는 과정이다. 검은 화면 또는 마지막 사진으로 엔딩을 정하고 동영상 제작에 참여한 사람들 이름 등을 넣을 수 있다.

설정이 끝난 후에는 만들기(F) 를 누른다.

⑦ 동영상 저장하기

동영상을 저장할 폴더를 지정하고, 동영상의 이름을 정한다.

저장(S) 을 누른다.

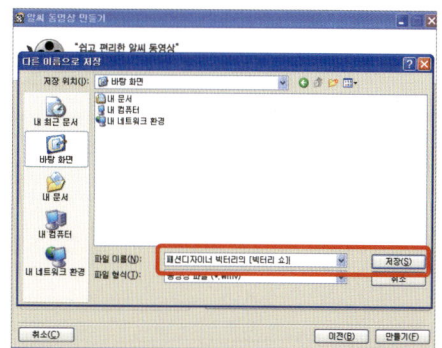

동영상을 저장하는 과정이 보인다.

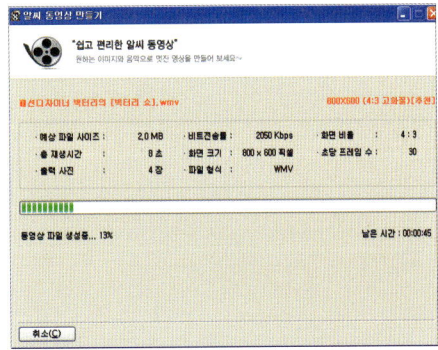

동영상 만들기가 완료되었다. 동영상을 저장한 [폴더]를 열어 파일을 보거나 동영상을 바로 실행할 수 있다. 사진으로 만든 동영상이 완료되었다.

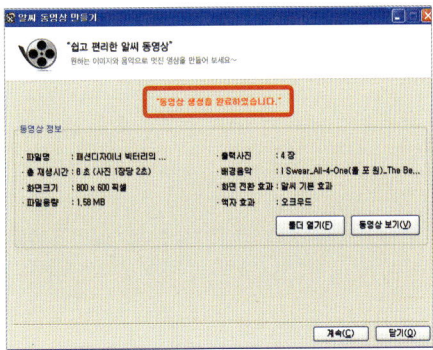

2 동영상에 특수효과 만들기

동영상을 만들었는데 뭔가 재미있는 특수효과를 넣고 싶을 때가 있다. 인터넷방송에 등장하는 인물들의 표정을 바꾸거나 재미있는 그림을 섞어서 보는 이들로 하여금 웃음을 터뜨리게 할 수도 있다.
나만의 동영상 만들기 두 번째, 특수효과 넣기에 대해 알아두도록 하자.

메니캠 설치하기

동영상 특수효과 만들기를 지원하는 소프트웨어 메니캠ManyCam을 설치하고 그 사용방법에 대해 알아본다.

Download ManyCam, it's FREE! 를 선택한다.

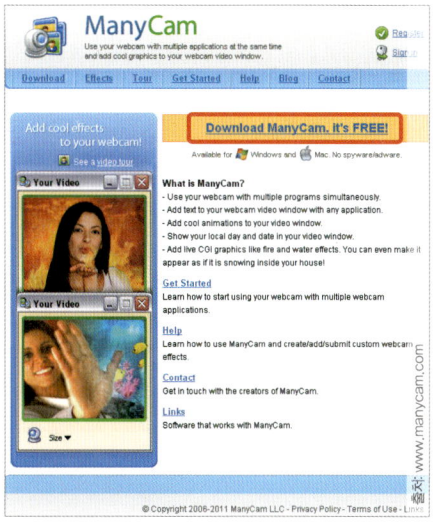

컴퓨터로 내려 받는 과정이다. Download Now 을 선택한다. 애플社의 맥킨토시 컴퓨터를 사용하는 경우엔 ManyCam for Mac 을 누른다.

PART 3
꾸미기
아이폰 영화를 컴퓨터에서 나 혼자 손쉽게 편집해볼까?

메니캠 소프트웨어를 설치할 것인지 확인하는 창이 열린다. 바로 설치하려면 실행(R) 을 누르고, 컴퓨터에 내려 받아두었다가 나중에 설치하려면 저장(S) 을 누른다. 필자의 경우엔 컴퓨터에 내려 받은 후 ManyCam 을 선택하여 프로그램을 설치하도록 하겠다.

프로그램 설치 창이 열렸다. Next > 을 누른다.

구성 요소를 설정하는 창이 표시된다.
'Quick Launch Shortcut 은 빨리가기 이미지 만들기' 이고, 'Desktop Icon 은 바탕화면에 이미지 만들기'이고, 'Start Menu Shortcuts 시작메뉴에 이미지 만들기'이다.
Run ManyCam on Startup 은 컴퓨터 시작과 동시에 '메니캠' 실행하기 기능이다.
Next > 을 누른다.

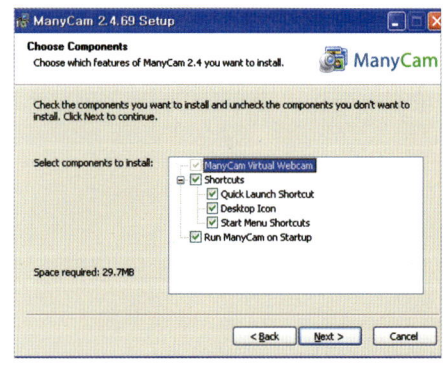

프로그램 사용규정에 대해 [동의]하는 과정이다. ☐ I accept the terms in the License Agreement 에 마우스를 눌러서 ∨을 표시한다.

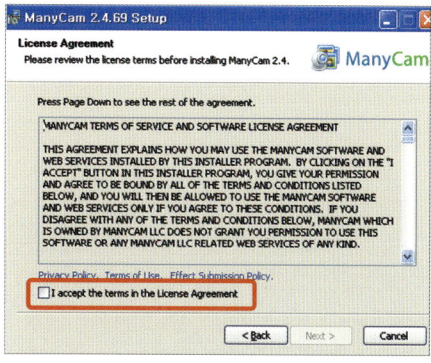

∨를 표시하면 Next > 을 눌러서 다음 단계로 이동할 수 있다.

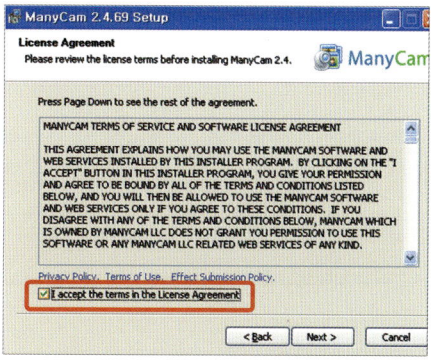

Next > 을 누른다.

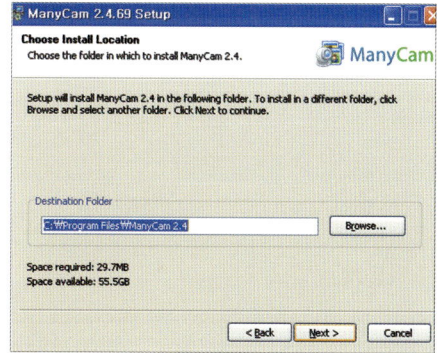

☑ Make Ask my default address bar search 을 누르면 인터넷 브라우저에 [검색 창]을 설치하게 되고, ☑ Reset my home page to Ask.com 을 누르면 인터넷 시작 페이지가 www.ask.com으로 설정된다. 설정을 마치고 I Accept > 을 누른다.

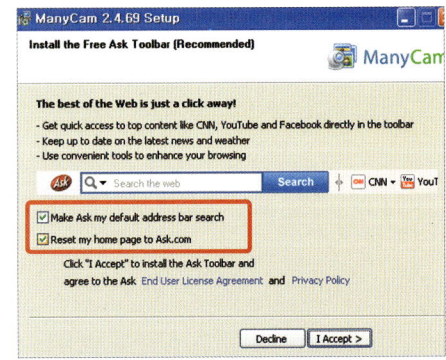

'메니캠'이 설치되기 시작한다.

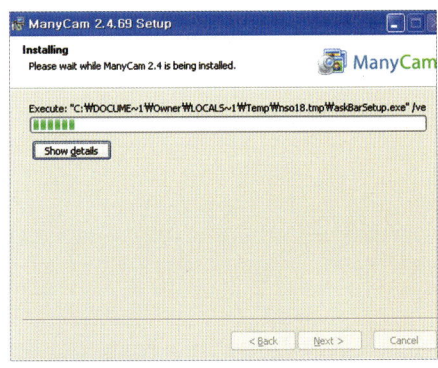

설치가 완료되었다. ☑ Run ManyCam 2.4 이 ∨표시가 되었을 경우엔 메니캠이 바로 실행된다. 설치가 제대로 된 것을 확인하고 Finish 을 누른다.

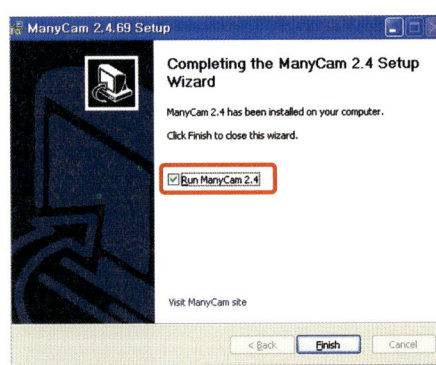

메니캠 프로그램의 버전이 표시된다. `Close`을 누른다. `Click here to download`을 눌러서 새로운 버전을 내려 받기 할 수도 있다.

웹캠이 없을 때 메니캠 실행하기

을 눌러서 [메니캠]을 실행한다. [메니캠] 화면이 나타났다. 웹캠이 없을 경우에 표시되는 화면이다. 컴퓨터에 웹캠을 설치한 후 [메니캠]을 열어보자.

먼저 위와 같은 웹캠을 컴퓨터에 연결한 다. 을 컴퓨터 USB홈에 넣는다. 아이폰의 USB홈과 같은 모양이다.

주 화상채팅 등의 용도로 웹캠에서 사용할 때는 메니캠 메뉴의 SOURCE를 통해 확인 할 수 있는데, 다른 프로그램에서 사용할 때는 camfrog 화상캠 옵션에서 소스를 메니캠으로 설정해야만 화면이 표시된다.

또한, 메니캠은 웹캠이 없더라도 가상의 캠 기능을 수행하는 기능이다. 가령, 내가 웹캠이 없을 때, 메니캠을 사용해서 화상채팅 창 등에 내가 지정한 영상이 나오게 할 수 있다는 뜻이다.

웹캠이 없을 때 실행하는 방법을 알아보자. 메니캠을 실행한다. Sources 을 누르고, Desktop 을 누른다.

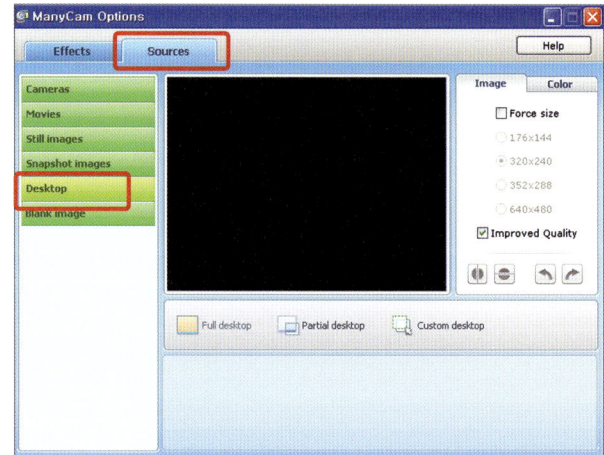

메니캠 화면에 컴퓨터 바탕화면이 나타난다.

- 전체 바탕화면 표시하기

  [Full desktop] 을 누르면 현재 바탕화면 전체가 메니캠 영상 창을 통해 표시된다. 메니캠을 마우스로 누른 후 이동하면 이동하는 대로 화면에 표시된다.

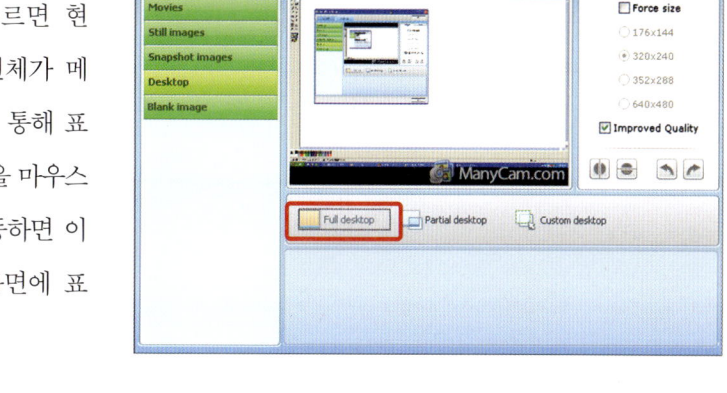

- 일부 바탕화면 표시하기

  [Partial desktop] 을 눌러보자. 화면에서 마우스를 움직이며 메니캠 영상으로 어떻게 표시되는지 보자. 마우스가 있는 곳 일부분이 메니캠 화면으로 표시된다.

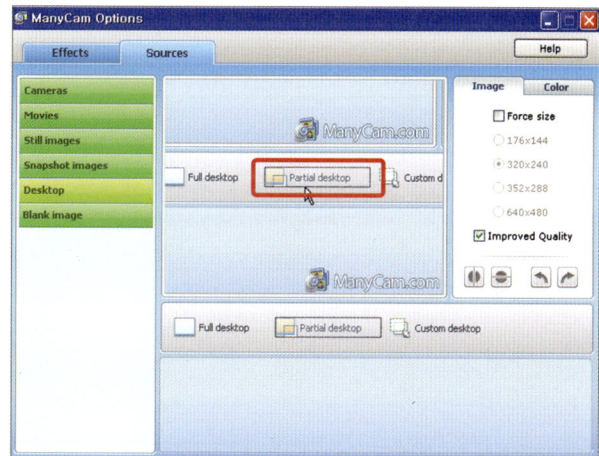

- 지정 바탕화면 표시
  하기

  Custom desktop 을 선택하면 반투명 형태의 창이 나오며 원하는 위치에 놓고 가로세로 크기를 조절할 수 있다.

  반투명 창을 닫을 때는 Close 을 누르면 사라진다.

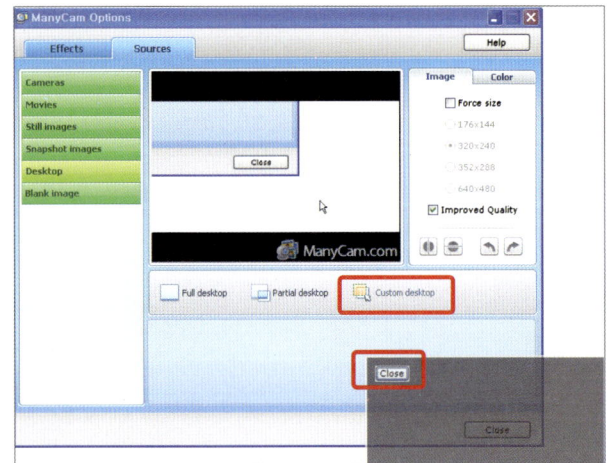

웹캠이 있을 때 메니캠 실행하기

웹캠을 사용하여 다양한 동영상에 특수효과를 넣어보자.

- 인터넷방송 영상 사용
  하기

  웹캠을 켜고 인터넷방송 '올레온에어'를 실행한다.

  바탕화면에 인터넷방송 창이 열리면서 메니캠 영상에도 표시가 된다.

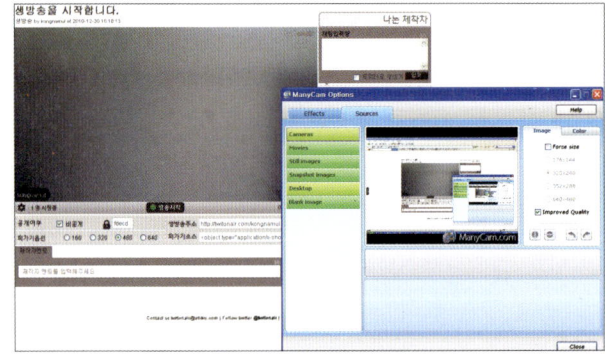

메니캠의 메뉴에서 데스크탑 기능을 실행하고, 지정 영역 설정을 인터넷방송 화면 영역으로 설정하면 메니캠 영상에는 설정된 화면만 표시된다.

- 인터넷방송 영상에 효과 주기

인터넷방송 영상에 다양한 효과를 넣어보자. Effects 을 선택하고, 해당되는 기능을 실행 한 후에 Sources 로 와서 Desktop 을 선택하고, Custom desktop 을 실행한다.

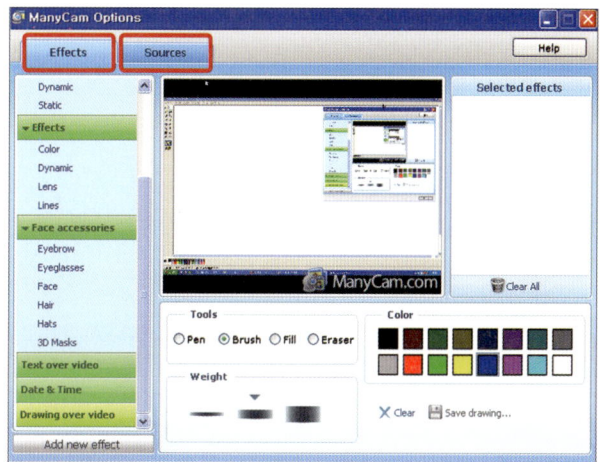

주 한 가지 알아둘 점은 반드시 Sources 에서 Desktop 기능을 설정하고 다시 Effects 로 가서 각 효과를 설정한 후에 다시 Sources 로 와야 한다는 점이다.

PART 3
꾸미기
아이폰 영화를 컴퓨터에서 나 혼자 손쉽게 편집해볼까?

기능을 실행해보면 이와 같은 동영상을 만들 수 있다.

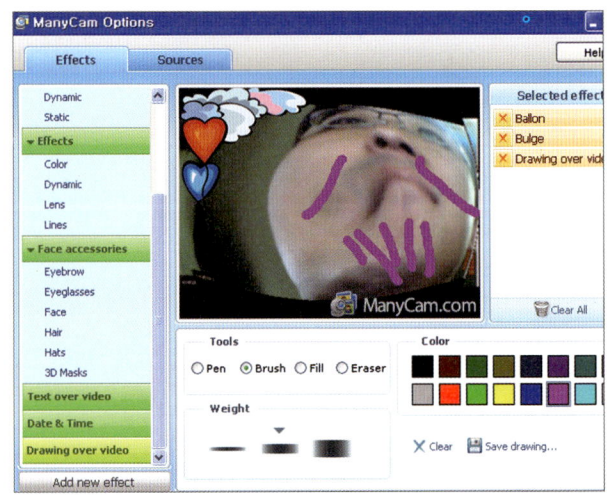

메니캠 기능 알아두기

- `Sources` 메뉴의 기능

`Cameras`는 웹캠을 사용하여 메니캠에서 동영상을 표시하는 기능이다.

`Movies`는 내가 만들어둔 동영상을 불러와서 특수효과를 주는 기능이다. 아이폰 등의 스마트폰으로 만든 동영상을 `Recent Files Open new file` 안으로 불러와서 다양한 효과를 넣을 수 있다.

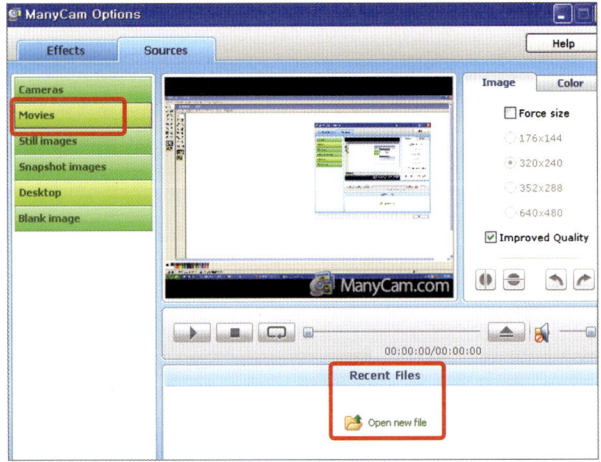

불러온 동영상에 다양한 특수효과를 넣을 수 있다.

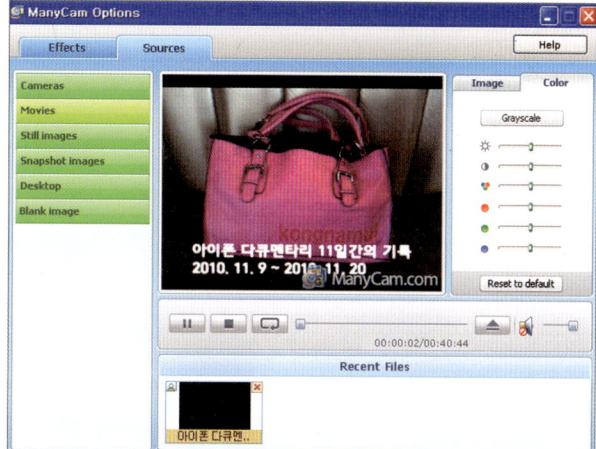

효과를 설정한 후에 동영상을 다시 [플레이] 해보자.

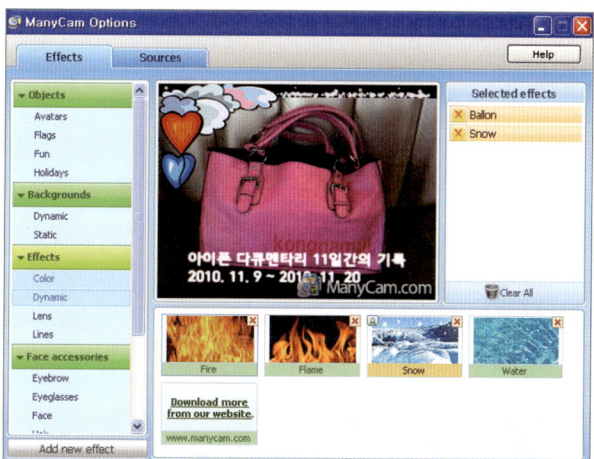

동영상이 상영되면서 설정한 효과가 계속 실행된다.

□Force size 를 통해서 동영상 화면의 가로세로 크기를 설정한다.

Still images 은 보유한 이미지를 불러와서 이미지에 효과를 주는 기능이다.

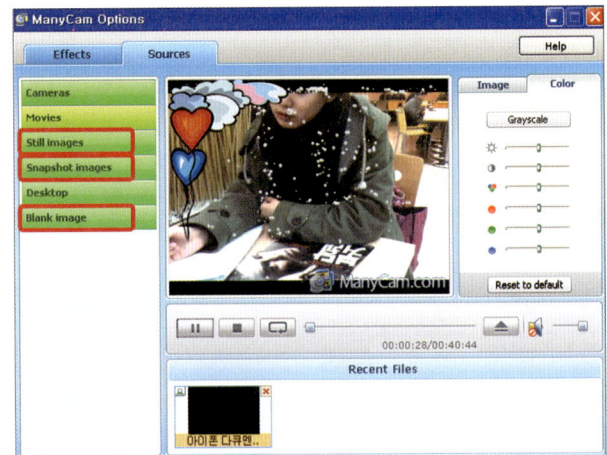

Snapshot images 은 메니캠 영상으로 표시되는 화면을 Snapshot 을 눌러서 사진처럼 찍는 기능이다. 찍은 사진이미지는 Recent Files 영역에 목록으로 표시된다.

Blank image 는 메니캠 영상 영역을 표시하지 않는다. 빈 화면으로 처리하는 기능이다.

- Effects 메뉴의 기능에 대해 알아두자.

▼Objects 은 동물, 깃발 등의 이미지를 동영상 화면에 표시하는 기능이다.

동물로 설정할 경우, 카메라에 표시되는 인물의 눈동자 등을 동물의 눈동자 위치에 적용시킬 수도 있다.

▼Backgrounds 를 사용해서 카메라에 비춰진 영상을 사진으로 촬영하고, 배경으로 사용한다.

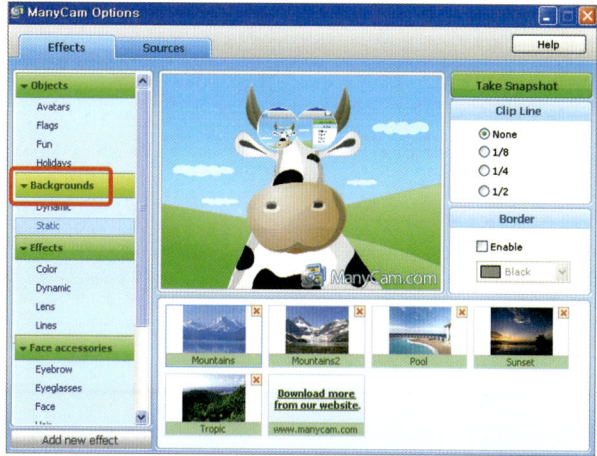

▼Effects 을 사용해서 동영상에 다양한 효과를 넣는다. 화염에 휩싸인 동영상도 가능하고, 인물의 얼굴들을 흑백으로 처리하는 등의 재미있는 특수효과 기능이 있다.

`Face accessories`을 사용하여 동영상 속의 사람에게 다양한 효과를 넣을 수 있다.

`Text over video`를 사용해서 동영상에 글자나 문장을 넣을 수 있다.

Date & Time 기능은 동영상에 시간을 표시한다.

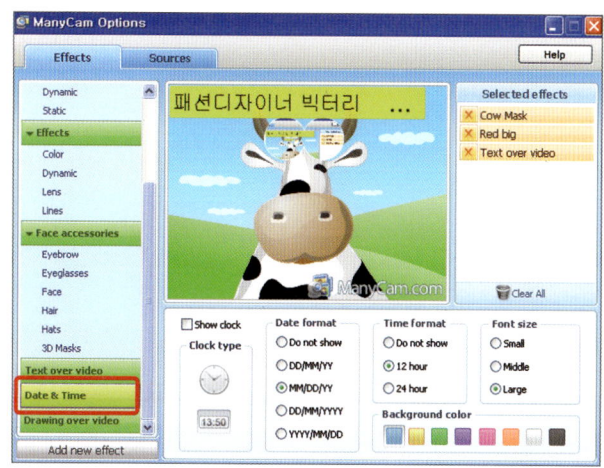

> **주 동영상 효과 없애기** 동영상에 추가한 효과를 없애는 방법은 Selected effects 에서 없애고자 하는 기능 앞에 있는 ✕ 을 누르면 사라진다.

Drawing over video 기능을 사용하면 동영상 위에 재미있는 그림을 넣을 수 있다. 그린 그림은 Save drawing.. 을 사용해서 별도의 이미지 파일로 저장할 수 있다.

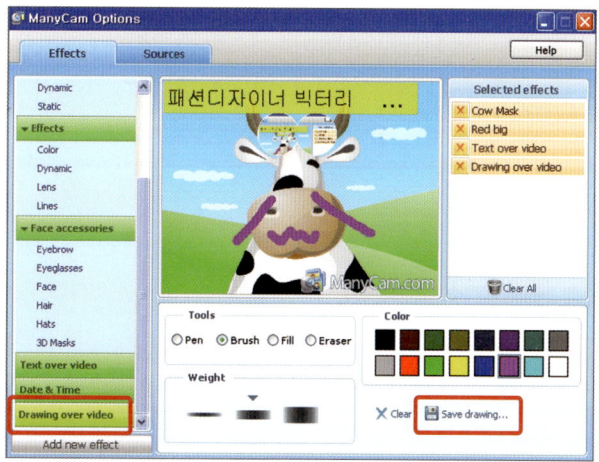

PART 3
꾸미기
아이폰 영화를 컴퓨터에서 나 혼자 손쉽게 편집해볼까?

Browse... 을 사용하여 그림을 저장할 폴더를 지정하고, 빈 공간을 넣은 후 OK 을 누르면 된다.
Add new effect 을 사용하면 새로운 효과를 추가할 수 있다. 저장해둔 이미지를 넣을 수 있다.

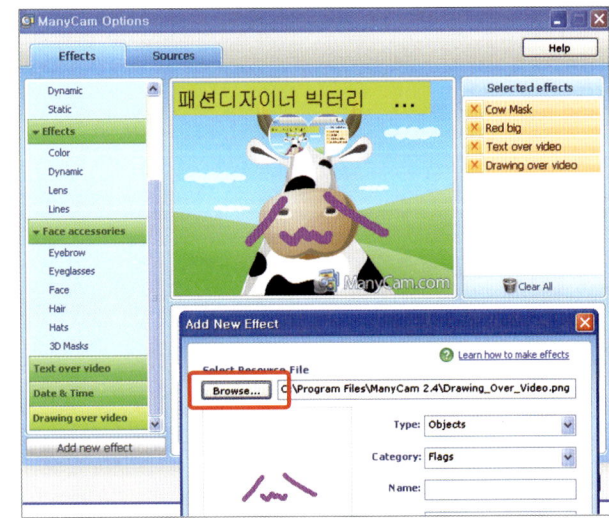

TIP 인터넷에서 본 동영상, 주소를 잊었는데 다시 볼 수 있을까?

인터넷에서 블로그 또는 카페 혹은 여러 사이트 등에서 본 동영상은 컴퓨터에 [임시폴더]란 곳에 임시 저장된다.
[도구 – 인터넷 옵션 – 설정]에 들어가 [파일 보기] 을 클릭 하면 컴퓨터에 임시 저장된 동영상 파일이 있다.

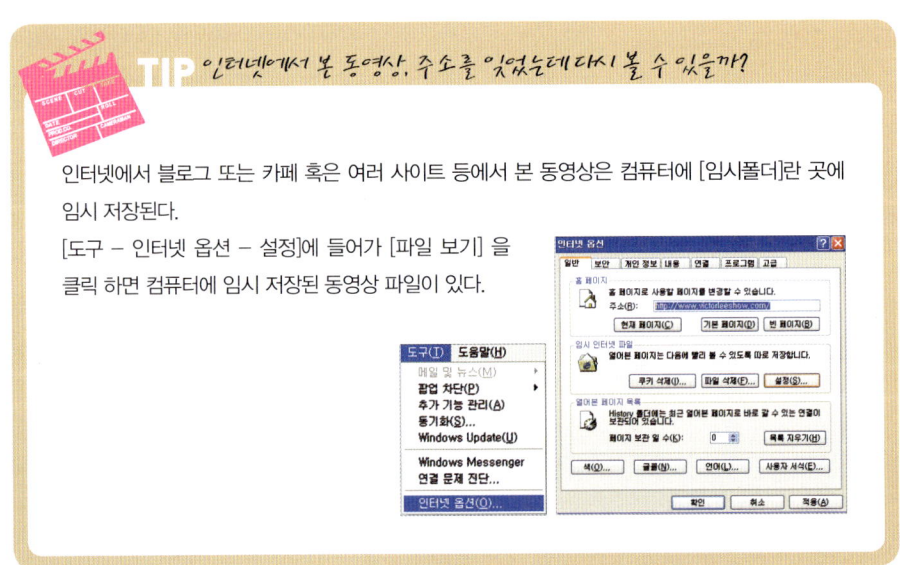

이곳에서 원하는 파일을 찾아서 컴퓨터에
[복사] 후에 붙여넣기로 저장 가능하다.

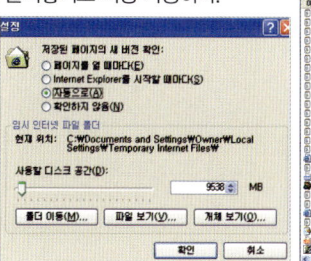
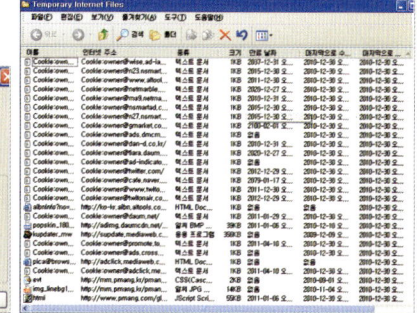

마우스 오른쪽 버튼을 눌러서 [복사]를
한다.

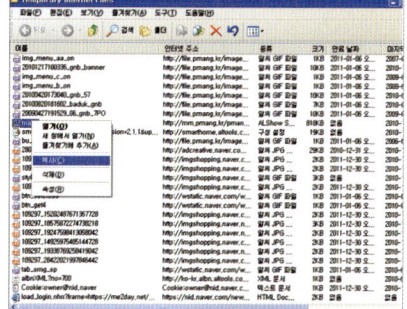

저장하고자 하는 폴더에 가서 마우스 오른쪽 버튼을 누르고 [붙여
넣기]를 누른다.

동영상을 만들고 인터넷에 올려서 다른 이들과 같이 나눌 수 있다.

재미있는 동영상이나 감동을 주는 동영상은

큰 공감을 일으킬 수 있고 많은 인기를 끌기도 한다.

또한, 유튜브(www.youtube.com) 등의 일부 사이트의 경우

인기를 끈 동영상은 자체적으로 수익까지 주고 있으므로

돈 버는 동영상도 가능하다.

스마트폰을 활용한 재미있는 동영상도 만들고

인터넷에 올려서 돈도 버는 시대이다.

내가 만든 동영상을 인터넷에 올려서

다른 사람들과 나눌 수 있는 곳은

어떤 사이트들이 있는가 알아보자.

PART 4
감상하기 내가 만든 영화를 감상하는 방법

chapter 1
아이폰으로 만든 영화, 인터넷에서 감상하자

스마트폰 한 대로 만든 동영상이 있다면 다른 사람들도 볼 수 있도록 인터넷에 업로드 하자.
동영상을 올리는 방법은 자신만의 블로그, 카페뿐 아니라 동영상 전문 사이트 등으로 그 종류가 다양하다.
트위터를 활용하는 트윗비드(www.twitvid.com)라는 동영상 전문 사이트도 있고,
동영상으로만 운영되는 여러 인터넷 사이트가 많다.
각기 다른 사이트에 동영상을 올릴 때 동영상 용량 제한 및 시간제한 등에 대해 알아두도록 하며,
Daum이나 네이버 등에서 검색을 할 때 내가 만든 동영상이 노출되는 방식도 알아두자.

주 사이트의 소개는 필자의 무작위 순서에 의한 것임을 밝힌다.

1 블로그 Daum, 네이버

동영상을 인터넷 올리는 방법으로 블로그를 활용하는 방법을 소개한다. Daum이나 네이버에서 자신만의 블로그에 동영상을 올리도록 하자. 동영상을 올리는 곳으로 인터넷 카페의 경우, 각 게시판 별로 포털사이트에 검색결과로 제공되는 게시판들이 있긴 하지만 인터넷카페는 커뮤니티 중심의 회원가입을 바탕으로 구성되는 공간이기 때문에 카페보다는 블로그를 추천한다.

Daum

Daum www.daum.net 의 경우, 개인의 블로그, 카페 등에서 동영상 업로드가 자유롭다. Daum 카페나 Daum 블로그에서 업로드하는 동영상 용량은 100MB 이하의 것만 가능하다. 동영상의 시간제한은 없으나 큰 용량을 100MB 이하로 만들 경우 화질이 선명하지 않을 우려가 있다.

필자의 Daum 블로그 http://blog.Daum.net/kongnamulstyle에 업로드한 동영상 목록이 블로그 처음 화면에 표시된다. 동영상을 올린 블로그 글에는 이미지에 D표시가 나타난다.

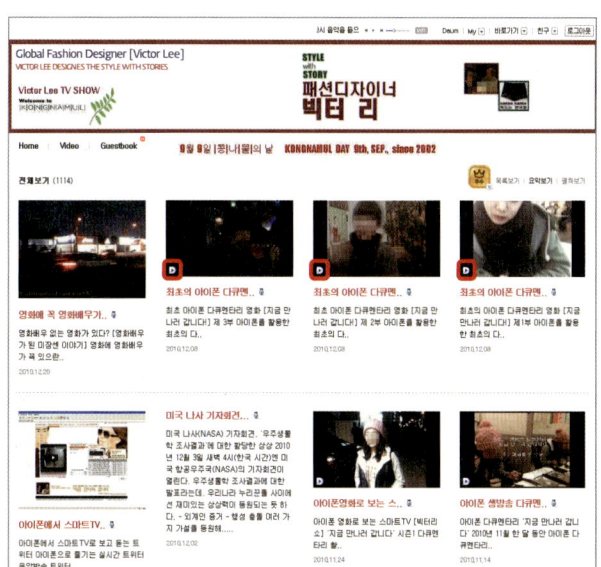

▶동영상 기능을 클릭하고 파일찾기 을 눌러서 동영상을 선택한다. 올리기 을 눌러서 동영상 올리기를 마무리 한다. Daum 블로그는 동영상을 올리면서 tv팟에도 동시에 업로드가 가능하다.

☑ Daum tv팟에 공개 을 마우스로 눌러서 ∨표시를 해둔다.

Daum 블로그에는 AVI, WMV, ASF, MPEG, DV, MOV, QT, FLV 형태의 동영상을 업로드 할 수 있다.

아이폰으로 촬영한 파주 프로방스이다.

Daum 블로그에 올린 후에 275명이 동영상을 플레이했던 것으로 나타난다.

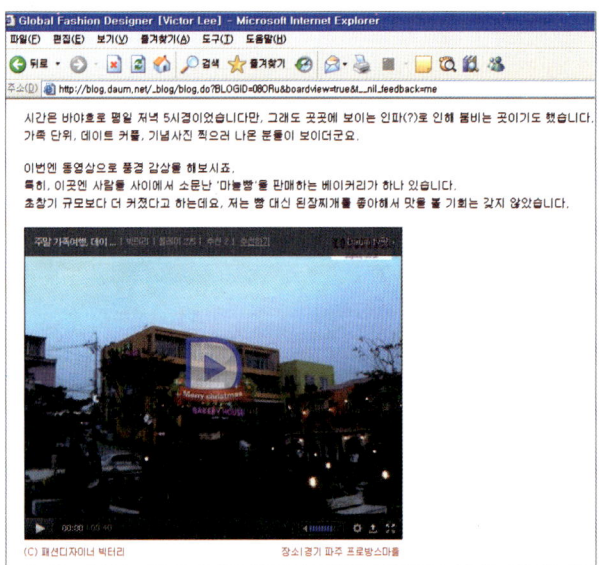

Daum에서 동영상 검색을 했다. 동영상 카테고리에 표시되는 동영상들이다. Daum 블로그에 동영상을 올리면 Daum 검색에서 노출된다.

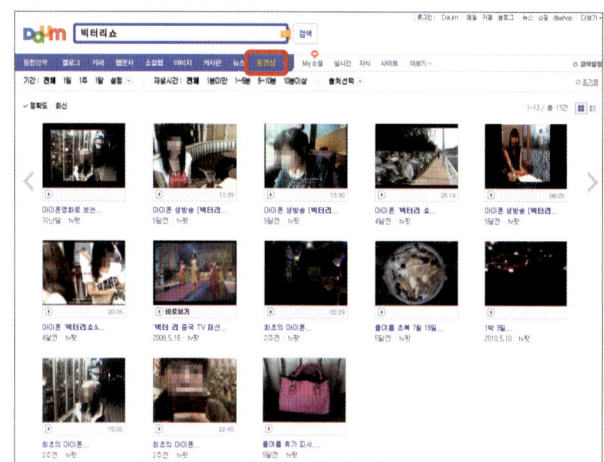

네이버

네이버 www.naver.com 의 경우, 개인의 블로그와 카페에서 동영상 업로드가 가능하다. 네이버에서 업로드 가능한 동영상은 100MB 이하의 것으로 시간은 10분 이내로 제한된다.

가령, 100MB 이하의 동영상인데 20분짜리 길이라면 네이버에서 업로드 할 때는 전체 동영상이 100MB 이하이더라도 시간제한이 있어서 10분까지만 업로드가 이뤄진다. 네이버 블로그에 접속하

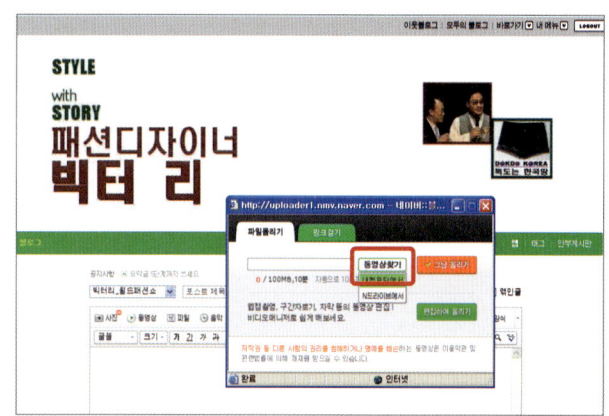

고 포스트 쓰기 메뉴에서 동영상 을 선택한다. 동영상찾기 을 이용해서 [내 컴퓨터]에 저장한 동영상이나 [N디스크]에서 저장한 동영상을 불러올 수 있다.

PART 4
감상하기
내가 만든 영화를 감상하는 방법

필자의 네이버 블로그 http://blog.naver.com/designero에 올린 동영상이 표시된다.

네이버에 접속하는 모든 사람들에게 보이게 되는데, 네이버에서 검색을 해보자. 네이버 블로그에 동영상을 올리면 네이버 검색에서 노출된다.

2 트윗비드

트위터 www.twitter.com 을 사용하는 사람이라면 트윗비드 역시 쉽게 이용할 수 있다. 트윗비드 www.twitvid.com 는 트위터

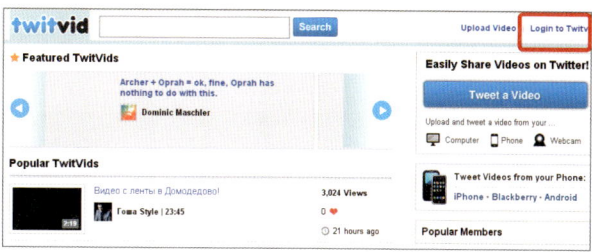

이용자들이 별도의 로그인 절차 없이 트위터 로그인 상태에서 이용할 수 있는 트위터 기반 동영상 어플리케이션이다.

트윗비드에 접속한 후, 로그인 Login to Twitvid 을 선택한다.

트위터 계정으로 로그인 하기 Sign in with twitter 을 선택한다.

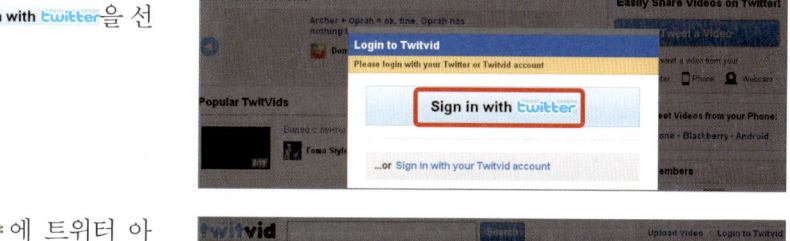

Username or Email: 에 트위터 아이디를 쓰고, Password: 에 비밀번호를 넣는다. 빈 공간을 입력한 다음에 Allow 을 누른다.

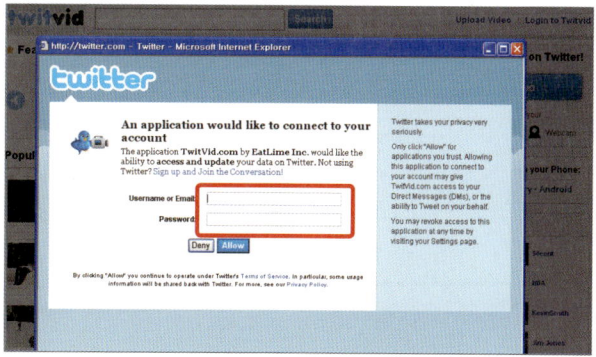

트윗터 계정으로 트윗비드에 접속할 것인지 확인하는 창이 열린다. Allow 을 누른다.

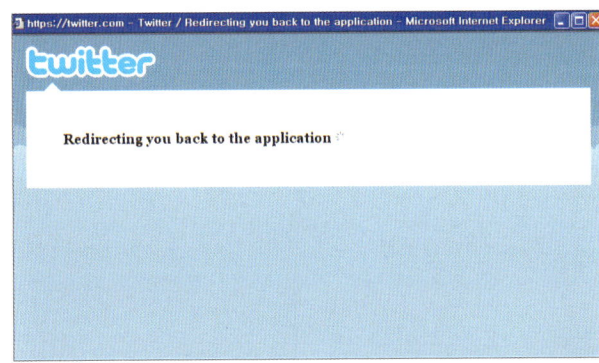

트윗비드 사이트로 접속 중이라는 표시된다.

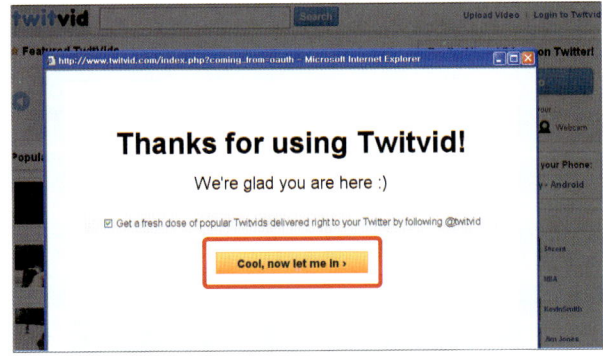

트윗비드에 성공적으로 접속했음을 알리는 창이 열린다. Cool, now let me in › 을 누른다.

"Get a fresh dose of popular Twitvids delivered right to your Twitter by following @twitvid"

새로 업데이트 되는 인기 있는 동영상들을 트위터에서 받아보려면 @twitvid 계정을 팔로윙following하라는 뜻이다. 희망할 경우, □ 안을 마우스로 체크해서 ∨표시를 한다.

트윗비드에 접속되었다. 동영상을 올리려면 Upload Video 을 누른다. 업로드 하는 동영상의 분량, 시간 길이, 파일 형태는 제한이 없다. 내가 올리는

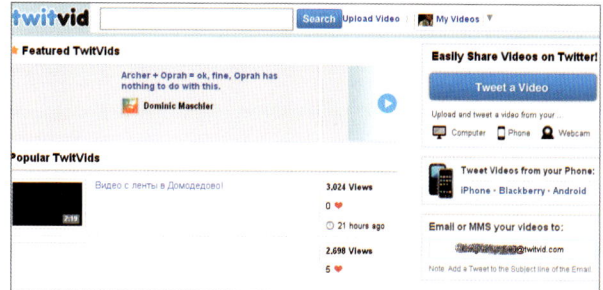

동영상은 트윗비드에서 자동으로 인코딩이 실행된다.

트윗비드에 로그인 상태에서 Upload Video 을 선택하고 동영상을 불러온다. Upload Video! 을 선택해서 동영상 올리기를 시작한다. 트윗비드에 올리는 동영상은 자동으로 FaceBook MySpace YouTube 에 동시에 등록된다.

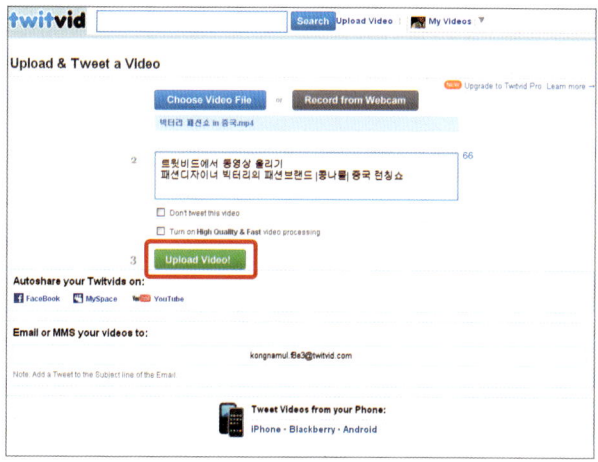

온라인에서 친구가 되고, 친구를 만나는 소셜네트워크사이트인 페이스북www.facebook.com, 마이스페이스www.myspace.com, 유투브www.youtube.com는 전 세계 이용자들만 수 억 명이 넘는 인기 사이트들이다.

PART 4
감상하기
내가 만든 영화를 감상하는 방법

트윗비드에 올리는 동영상은 My Videos 기능을 통해서 관리할 수 있다. 또한, 트윗비드를 아이폰 등의 스마트폰에서 인터넷으로 접속하는 방식으로 동영상을 볼 수도 있다. 트윗비드에서 로그아웃할 때는 My Videos ▼을 마우스로 누른 후, 에서 [Logout]을 선택한다.

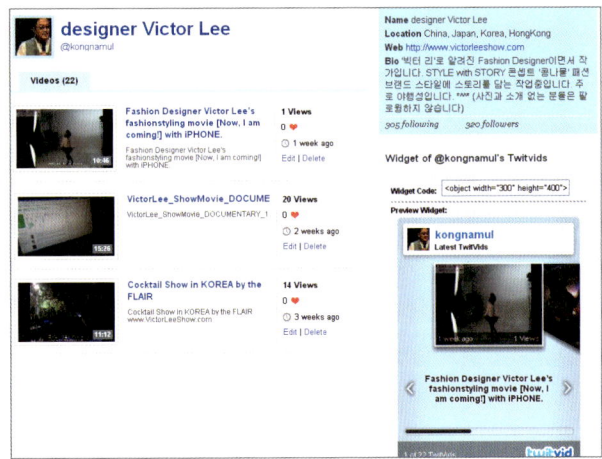

단, 트윗비드에서 로그아웃 했을 경우라도 반드시 트위터 www.twitter.com 로 다시 이동해서 로그아웃을 한 번 더 해줘야 한다. 컴퓨터에 따라서 트윗비드만 로그아웃되고 트위터 계정은 그대로 로그인 상태로 남아있는 경우가 있다.

스마트폰에서 동영상 올리려면 이메일이나 MMS 기능을 사용해서 트윗비드의 개인 계정인 kongnamul.f8e3@twidvid.com 등의 주소로 동영상을 보내면 트윗비드에 자동으로 올라가게 된다. 스마트폰 이용자들에게 편리한 동영상 업로드 방식이다.

3 tv팟

tv팟 tvpot.daum.net에 동영상을 올려보자.
Daum 회원들은 블로그에 동영상을 올릴 때 tv팟에도 동시에 동영상을 올릴 수 있다. 또한, 팟인코더를 사용할 때 동영상 인코딩과 동시에 tv팟에도 동영상을 업로드 할 수 있다.

동영상 올리기 을 선택하고 tv팟에서 직접 동영상을 올려보자.

동영상 올리기 을 누르고 동영상을 올린다.

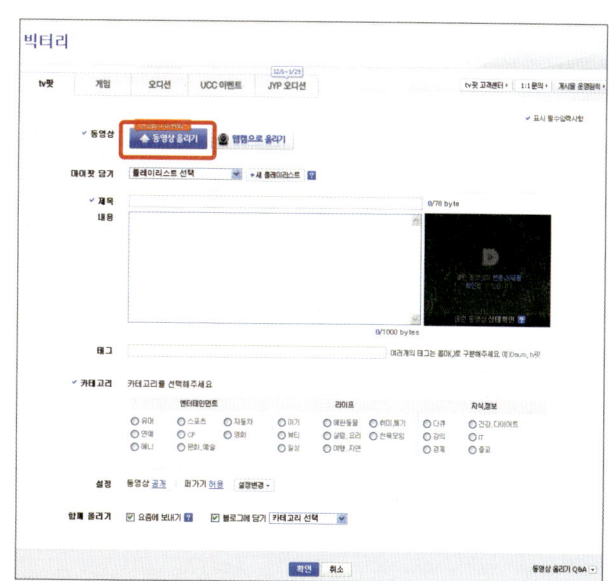

PART 4
감상하기
내가 만든 영화를 감상하는 방법

확인 을 눌러서 완료한다.

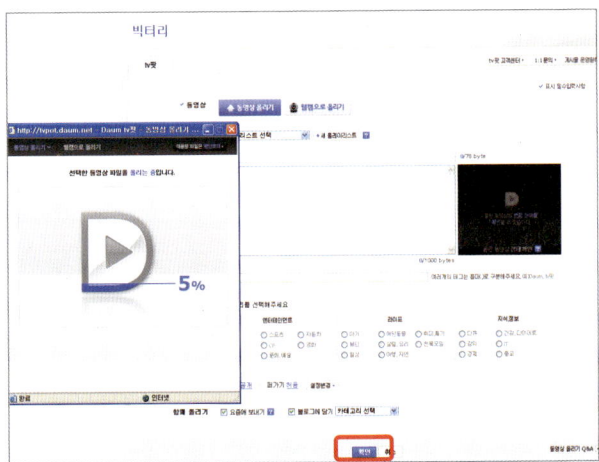

tv팟에 올린 내 동영상이 표시된다. tv팟에 동영상을 올리고 Daum 검색에서 내가 만든 동영상을 다른 사람들에게도 알려 보자.

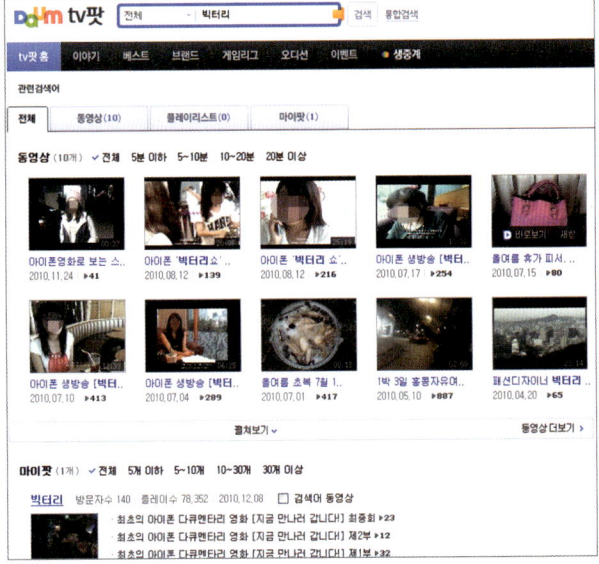

4 유투브

세계 최대의 동영상 사이트 유투브www.youtube.com에 내가 만드는 동영상을 올려보자.

YouTube 파트너가 되면 수익 생성의 기회를 얻을 수도 있다. 동영상에 포함되는 동영상 內 광고와 동영상 옆에서

실행되는 배너 광고의 수익을 공유할 수 있다. 또한, 동영상 대여를 통한 수익까지 공유한다. 유투브의 광고주와 함께 하는 공동 마케팅 기회도 있다.

업로드을 눌러서 유투브에 동영상을 올려보자.

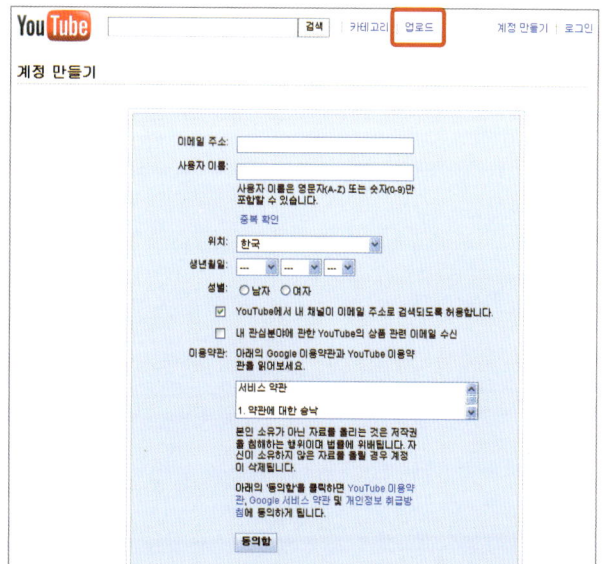

PART 4
감상하기
내가 만든 영화를 감상하는 방법

동영상 업로드 을 눌러서 동영상을 업로드 하자.

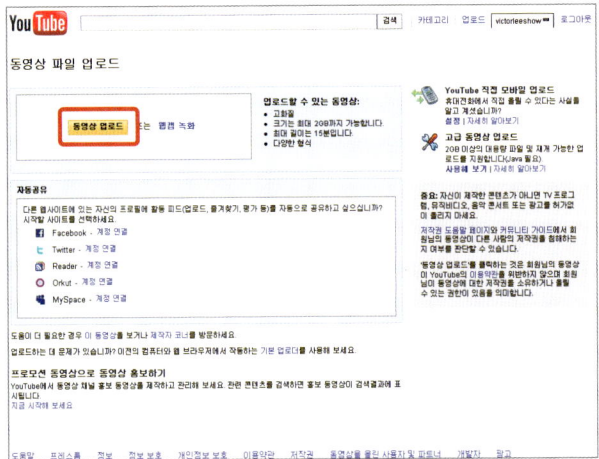

단, 동영상의 길이는 15분 미만이어야 하고, 동영상 전체 크기가 2GB보다 작아야 하며, 동영상 형식이 YouTube에서 지원하는 파일 조건에 맞아야 한다.

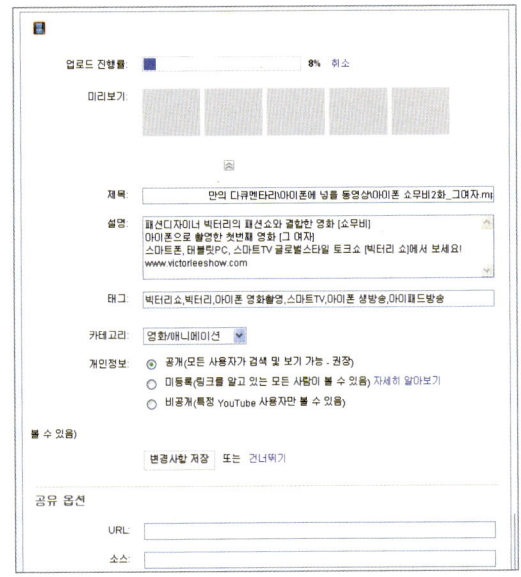

주 유투브 위치 설정에서 '한국'으로 되어 있을 경우 '동영상 업로드' 기능이 불가능하다. [위치]를 눌러서 국가 설정을 변경하면 동영상 업로드 기능을 사용할 수 있다.

TIP 유튜브(www.youtube.com)의 돈 버는 동영상이란?

유튜브의 '셀프서비스'방식으로 진행되는 돈 버는 동영상이 화제를 끈다. 가령, 동영상을 만드는 제작자 등이 영화 또는 자신이 만든 동영상 콘텐츠를 업로드한 후 다른 사용자들에게 인터넷에서 대여방식으로 제공하는 것이다. 이러한 동영상 수익 모델은 구글의 유튜브를 활성화하는데 매력적인 요소로 부각되고 있는데, 스마트폰 등으로 만든 동영상을 업로드하는 방식도 가능하다. 유튜브는 2010년 3월 1억3천500만 이상의 누리꾼들에게 동영상을 제공했는데, 미국에서는 2010년 4월에만 1억8천만 명 이상의 네티즌이 온라인비디오를 봤고, 이러한 수치는 3.5% 이상의 증가세를 나타냈다는 수치도 있다.

또는 각자의 동영상에 구글社의 애드센스라는 광고수익 모델을 적용해서 광고수익을 나누는 방안도 가능할 것으로 유튜브는 2010년 1월 미국에서만 가능한 동영상 수익모델로써 유튜브렌털(YouTube Rentals)을 시작했다.

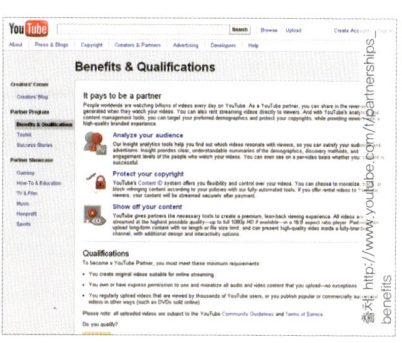

5 프리챌 Qtv

내가 올리는 동영상이 네이버에서 검색되게 해보자. 30분 이내의 동영상이면 제한 없이 업로드가 가능한 프리챌 http://qtv.freechal.com/ 사이트를 이용하자.

[동영상올리기]를 눌러서 동영상을 올리자.

동영상 올리기 을 눌러서 업로드를 시작하자.

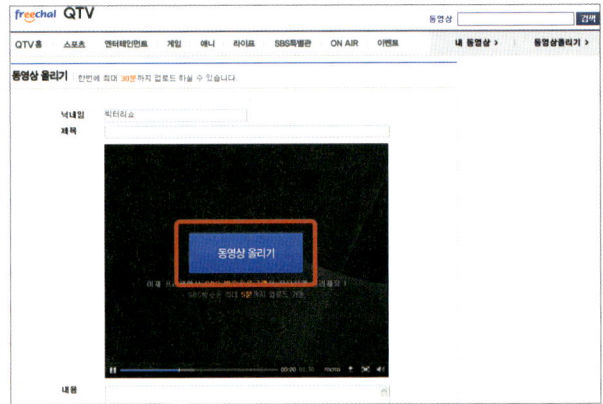

바로 업로드 을 누른다.

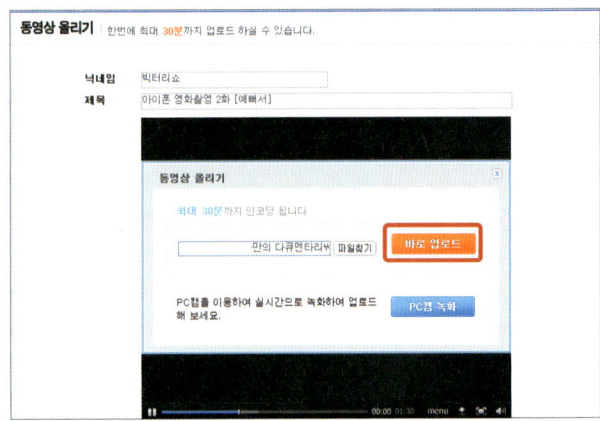

동영상이 업로드 된다. 네이버에서 내가 올린 동영상을 검색해보자.

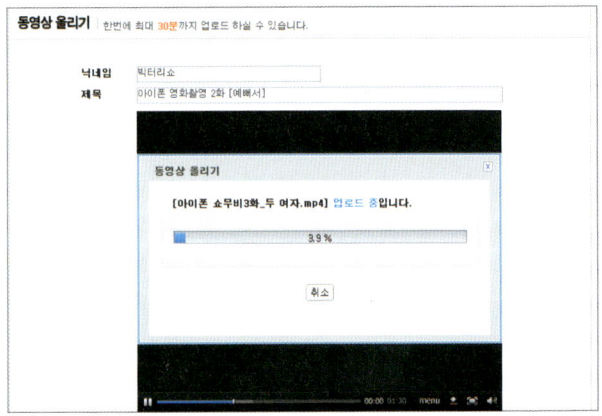

네이버에서 검색되는 필자의 아이폰 영화는 출처가 '프리챌'로 되어있다. 필자는 동영상을 네이버 블로그에도 올리고, 프리챌에도 다시 올렸는데, 프리챌에 올린 동영상이 먼저 검색된다.

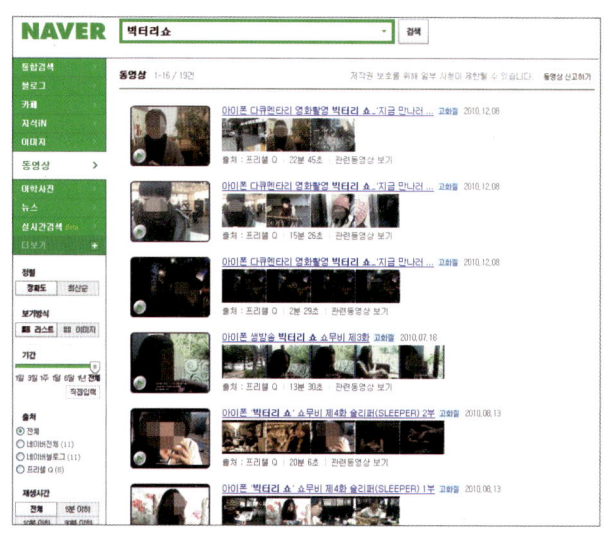

PART 4
감상하기
내가 만든 영화를 감상하는 방법

chapter 2
내가 만든 동영상, 아이폰에서 감상하자

동영상을 아이폰에 넣는 방법에 대해 알아보자.
동영상의 파일 형태는 그 종류만 해도 수십여 가지가 넘는데,
아이폰에 넣어서 언제 어디에서나 갖고 다니면서 볼 수 있으려면 어떻게 해야 할까?
여러 방법이 있겠지만 여기에서는 Daum에서 제공하는 팟인코더(PotEncoder)를 사용해서
아이폰용 동영상을 만든 후에 실제 아이폰에 저장하는 방법에 대해 알아본다.
팟인코더를 실행한다.
아이폰에 넣을 동영상을 팟인코더로 불러온다. 불러오기 을 사용해서 동영상을 팟인코더에 넣자.

아이폰에 저장할 동영상 변환하기

팟인코더 인코딩 메뉴의 [파일] 영역에 넣은 동영상을 [인코딩 시작] 으로 인코딩을 시작하자.

동영상이 아이폰용 파일로 인코딩 되기 시작한다. 또 다른 파일을 인코딩 해보자.

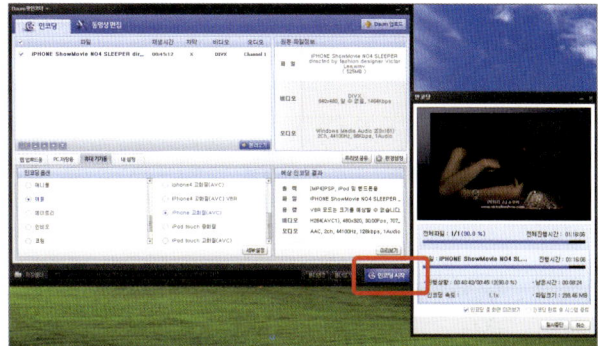

인코딩이 완료되고 메시지 창이 표시된다. [닫기] 를 누른다.

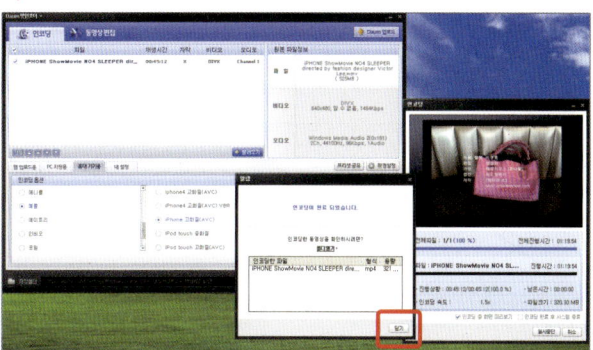

인코딩 중 화면 미리보기의 표시를 □ 인코딩 중 화면 미리보기 와 같이 삭제하면 인코딩 중에도 동영상이 나타나지 않는다.

PART 4
감상하기
내가 만든 영화를 감상하는 방법

컴퓨터 바탕화면에 팟인 코더로 변환한 동영상을 만들었다.

폴더 동기화를 통해 동영상 옮기기

아이튠즈의 동기화 기능으로 아이폰에 동영상을 넣으려면 폴더가 있어야 하는데, 컴퓨터에 있는 폴더에 동영상을 넣는 방법으로는 동영상을 마우스로 모두 지정해서 폴더로 끌어다가 넣는 방식이 있다.

동영상이 모두 이동해서 폴더로 들어간다.

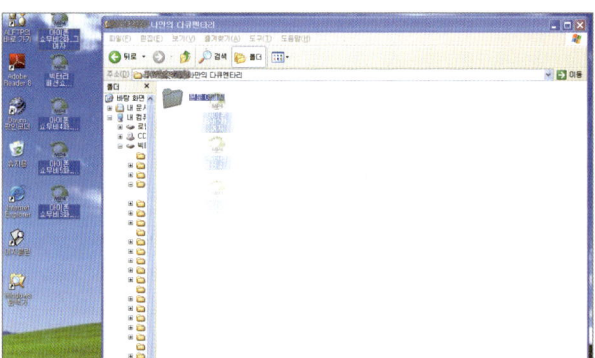

컴퓨터에 있던 폴더가 아니라 폴더를 새로 만들어서 동영상을 넣어보도록 하기 위해서 윈도우탐색기 Windows 탐색기를 실행한다. 윈도우 탐색기를 사용해서 새로운 폴더를 만들 위치를 지정한다.

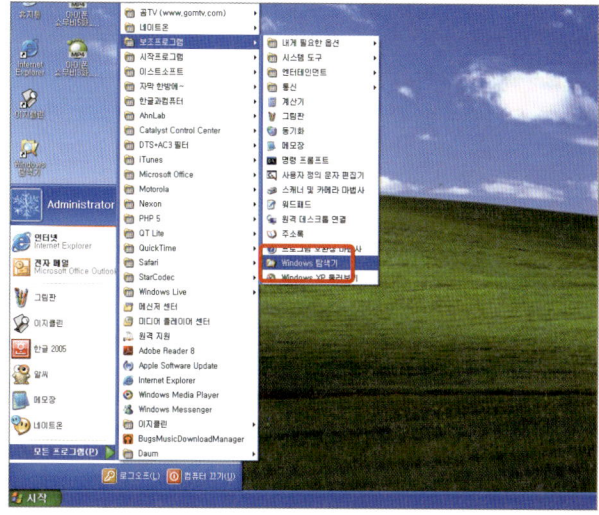

해당 위치에서 마우스 오른쪽 버튼을 눌러서 메뉴를 열고, [새 폴더] 기능을 실행한다.

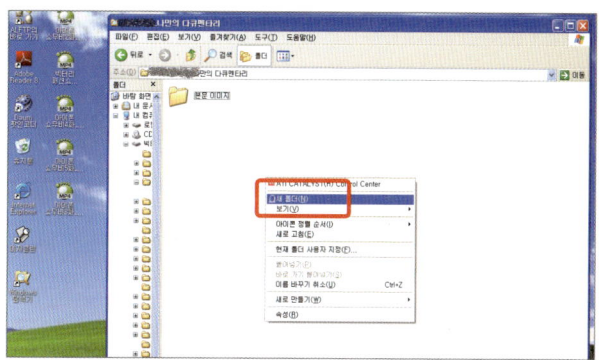

[새 폴더]가 생겼다. 폴더 이름을 바꿔주도록 하자. [새 폴더]란 NEW의 의미가 아니라 BIRD새라는 뜻이다. 따라서, 모든 폴더 이름이 '새 이름을 가진 폴더'가 되는데, 폴더

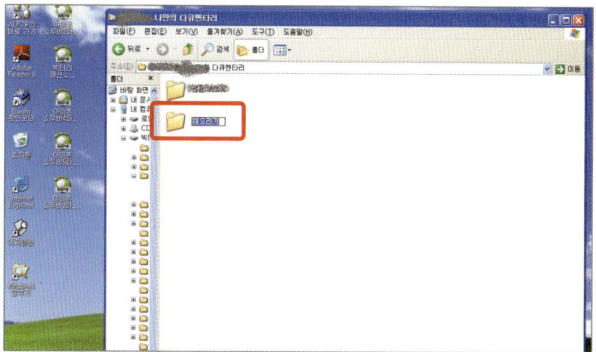

PART 4
감상하기
내가 만든 영화를 감상하는 방법

가 많아지면 사용하는데 혼동될 수 있으므로 구분하기 쉬운 폴더이름을 만들어준다.

폴더 이름을 '아이폰에 넣을 동영상'으로 변경했다.

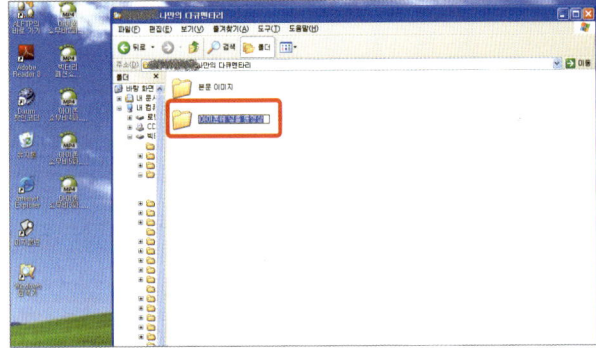

주 폴더 이름을 변경하려면 이름을 바꾸려는 폴더 위에 마우스를 올려놓고 오른쪽 버튼을 눌러서 메뉴를 연 다음 [이름 바꾸기] 기능을 실행하면 된다.

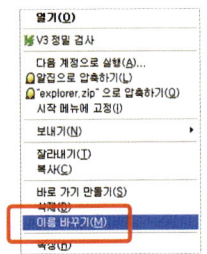

새로 만든 폴더에 동영상을 모두 넣자.

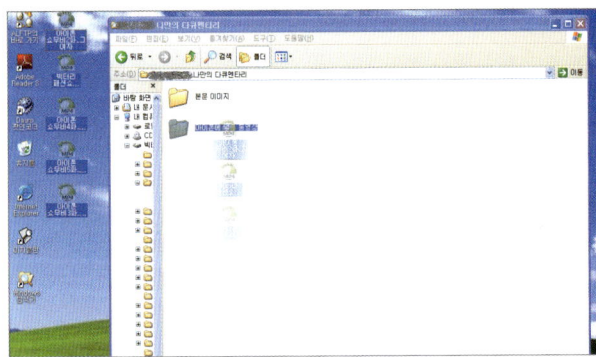

새로 만든 폴더로 동영상이 이동하는 과정이 표시된다.

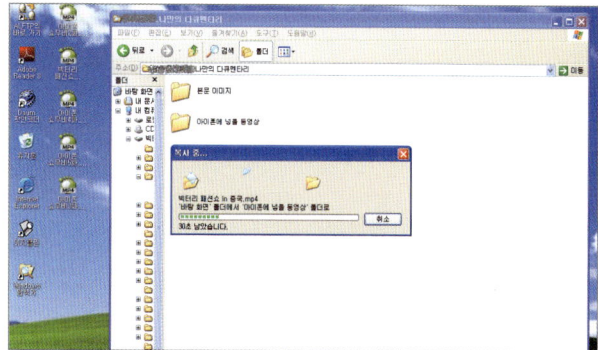

새로운 폴더에 동영상이 모두 들어왔다.

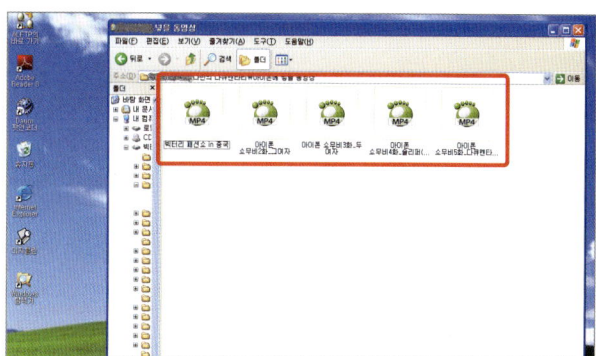

아이튠즈의 [보관함] 기능을 활용해서 동영상 옮기기

아이튠즈의 [보관함] 보관함 기능을 사용하는 방법이다. 아이튠즈를 실행하고 [보관함]메뉴를 선택해서 변환된 동영상을 선택한다.

아이폰용 동영상으로 변환된 동영상 파일이 아니라면 아이튠즈에 표시되지 않는다. 따라서, 반드시 팟인코더로 동영상

을 변환 한 후에 아이튠즈를 실행해서 동영상을 선택하도록 한다.

같은 방식으로 보관함에 파일 추가(A)... 기능을 통해서 동영상을 선택한다.

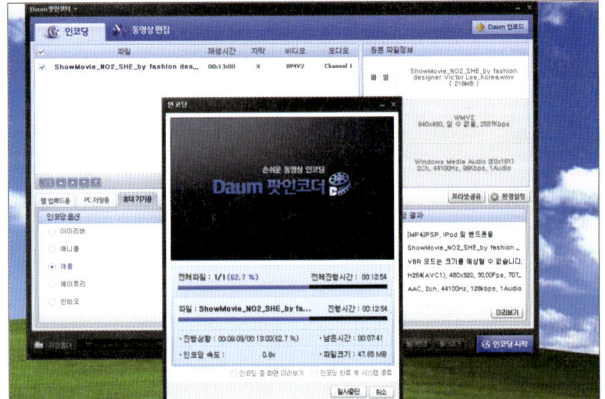

아이튠즈 [보관함] 메뉴의 동영상 폴더에 필자가 만든 동영상이 모두 표시되었다. 앞서 말했듯이 팟인코더를 사용해서 아이폰용 동영상으로 변환해둔 파일들이다.

이번에는 아이튠즈의 아이폰 폴더를 선택한다. 아이튠즈에서 아이폰 폴더는 아이폰 사용자 설정해둔 이름으로 표시되는데, 필자는 아이폰을 Fashion Designer Victor Lee로 설정했기 때문에 아이튠즈에서도 같은 이름 Fashion Designer... 으로 표시된다.

[동영상 동기화]를 마우스로 클릭한다.
'동영상을 동기화 하겠습니까?' 메시지 창이 나타난다. 동영상 동기화 를 선택한다.

> 주   아이폰에 보관하고 있는 다른 동영상이 있을 경우, 컴퓨터와 동기화를 할 경우에는 아이폰에 있던 동영상은 모두 삭제되고, 컴퓨터 폴더에 저장된 동영상으로 바뀌게 된다.
> 아이폰에 있는 동영상을 보존하려면 아이폰에 있는 동영상을 먼저 컴퓨터로 내려 받아두고, 아이폰에 새로 넣을 동영상이 있는 컴퓨터의 폴더와 동기화를 해야 한다.

동기화를 통해 아이폰으로 옮기기

아이튠즈와 아이폰의 동기화 기능을 사용해서 컴퓨터에 있는 동영상을 아이폰으로 옮겨보자.

동영상 동기화 를 체크하고 아이튠즈 아래에 적용 메뉴를 누른다.

PART 4
감상하기
내가 만든 영화를 감상하는 방법

에서 동기화를 위한 준비 작업이 표시된다.

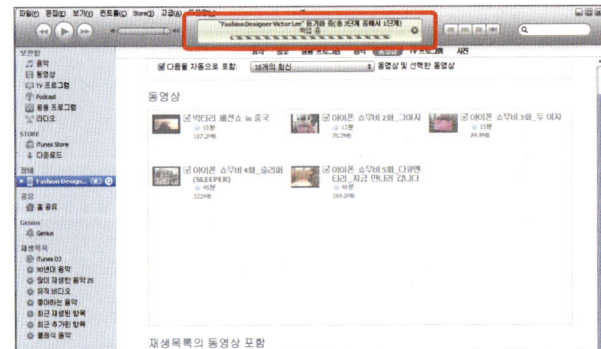

컴퓨터에 있는 음성메모 파일 등의 콘텐츠들도 옮겨지고, 이어서 컴퓨터의 동영상들이 아이폰으로 옮겨지는 과정이 에 표시된다.

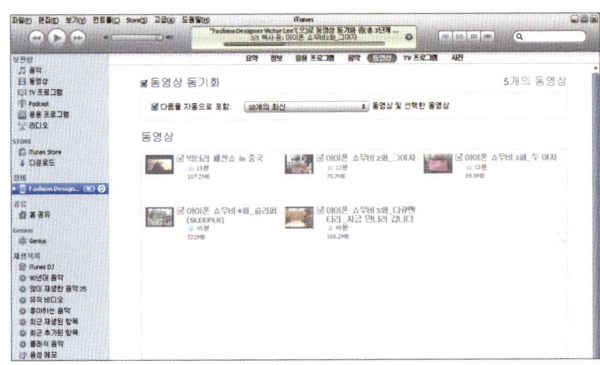

동기화 작업이 마무리 되면 와 같이 '연결을 해제해도 좋습니다'는 메시지가 나온다.

아이폰에서 아이팟(iPOD) 열기

컴퓨터에서 아이폰으로 옮긴 동영상을 확인해보자. 아이폰 바탕화면의 아이팟을 실행한다. 아이팟의 '비디오' 메뉴를 열면 아이폰에 담긴 동영상 목록이 표시된다. 만약, 아이폰에 담긴 동영상들이 많을 경우에 쉽게 동영상을 찾으려면 어떻게 해야 할까?

아이팟의 비디오 목록 위에 있는 [검색] 기능을 사용한다. [검색] 영역을 손가락으로 가볍게 건드리자.

아이팟의 비디오 목록에서 원하는 동영상을 찾을 수 있다. 영어 또는 한국어로 키보드를 변환하

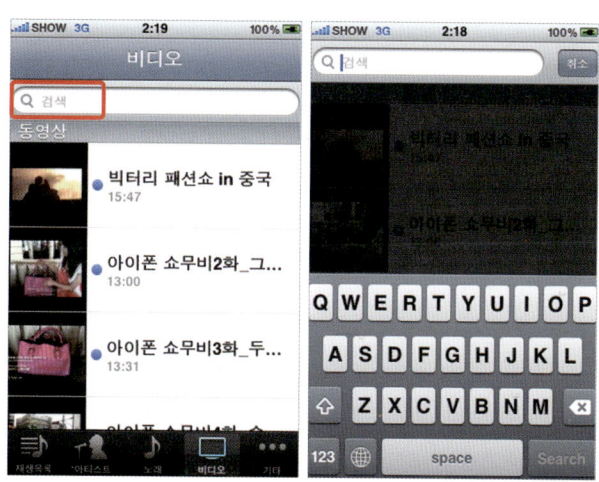

면서 동영상을 찾을 수 있다. 키보드의 언어 변환은 키보드 메뉴 가운데에 지구본 이미지를 선택하면 된다.

이와 같은 방식으로 여러 가지 동영상을 아이폰에 넣어 감상할 수 있다.

주 동영상을 여러 번에 걸쳐 변환작업을 거칠 경우, 그 동영상의 화질의 선명도가 나빠질 수 있다. 흔히, 동영상의 '열상현상'이라고 하는데, 동영상 화소의 품질이 안 좋아지는 것이다.

chapter 3

CD로 만들어 감상하자

내가 만든 동영상을 CD 또는 DVD에 저장해서 감상하는 방식에 대해 알아본다.
CD에 저장하는 방법은 우선 내 컴퓨터에 CD 장치가 있어야 하는데
CD_Recordable_Rewritable이라고 해서 CD에 파일을 기록할 수 있는 기능이 있는 것이어야 한다.
DVD장치 역시 DVD를 틀거나 기록할 수 있는 DVD Recorder 장치가 있어야 한다.
동영상을 CD 또는 DVD에 저장해서 멋진 디자인의 포장디자인까지 붙이면 한 편의 영화처럼 보이기도 한다.
나만의 영화, 나만의 영상작품으로 CD와 DVD를 활용해보자.

CD 만들기

CD장치에 공CD를 넣으면 CD마법사 기능이 실행된다.

마우스로 📁 쓰기 가능한 CD 폴더 열기 을 선택하고 [확인] 을 누른다.

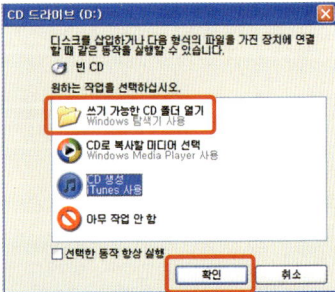

CD 폴더 창이 나타났다.

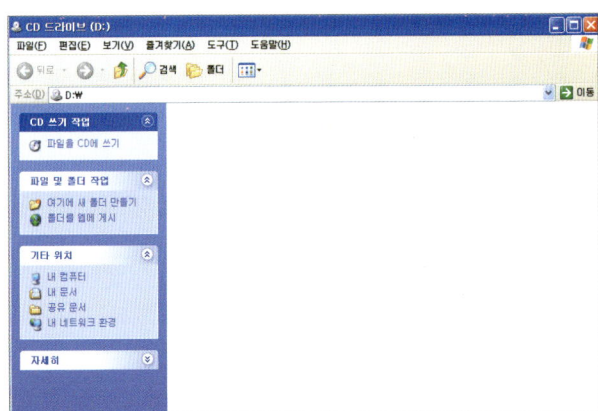

CD에 복사할 파일이 있는 폴더에서 CD폴더로 파일을 이동한다. 마우스로 파일을 선택하고 버튼을 누른 상태에서 CD 폴더에 가서 손가락을 뗀다.

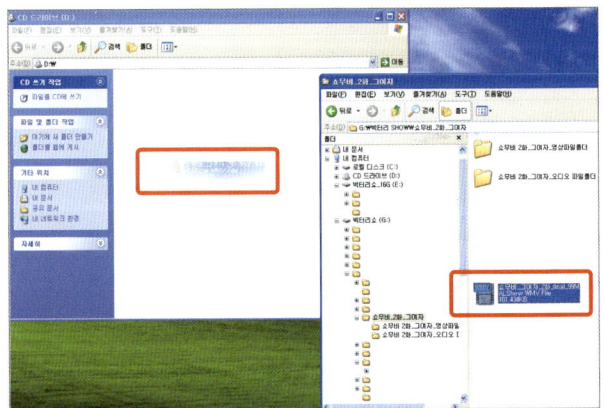

CD폴더에 옮긴 파일이 표시가 되었다. 현재 상태는 CD폴더에 파일을 복사할 준비를 갖춘 상태이고, CD에 복사된 것은 아니다. *파일을 CD에 쓰기*을 선택하면 CD에 파일 복사 작업이 시작된다.

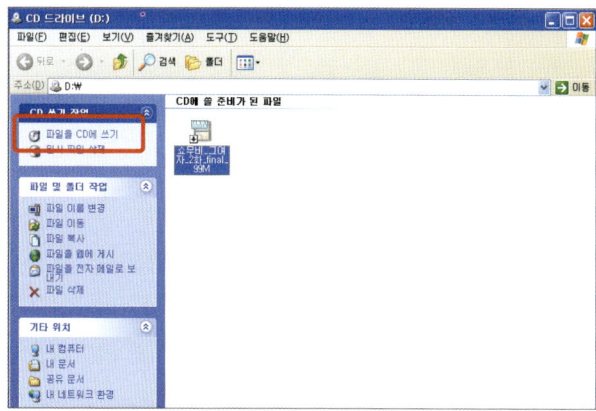

CD에 파일이 복사된다. 이와 같은 방식으로 CD를 만들어서 컴퓨터 CD 플레이어를 통해 감상할 수 있다.

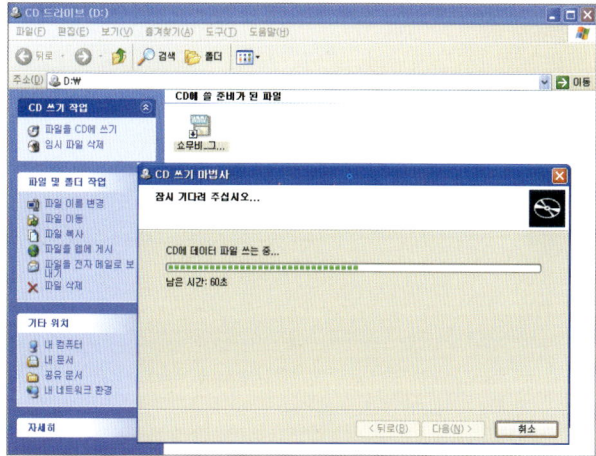

PART 4
감상하기
내가 만든 영화를 감상하는 방법

여행지의 멋진 풍경을 담았고, 이벤트 행사장에서 즐거운 장면들을 영상에 담았다.

미국에서, 유럽에서, 일본에서 유학 중인 가족이

한시의 일상생활을 현장에서 동영상으로 보내왔다.

이뿐 아니라, 학원에서 강의하는 강사의 강의를 동영상으로 변환했고.

스마트폰에 있는 생방송 어플리케이션을 사용해서

스마트폰을 들고 아이를 가르치 가는 곳곳마다 실시간으로 방송을 한다.

이렇게 만든 동영상, 내가 촬영하고 편집해서 터칠 긴 엔드네

어디에 어떻게 써야할까?

추억으로만 간직하고 있자니 뭔가 아쉽다면?

PART 5에서는 내가 만드는 동영상을

활용할 수 있는 방법에 대해 소개한다.

우리 생활 속에서 동영상으로 할 수 있는 일들을 알아두자.

스마트폰 한 대가 나만의 스마트 라이프(SMART LIFE)를 만들어준다.

PART 5
활용하기
아이폰으로 만드는 동영상 & 방송, 이렇게 활용하자

인터넷 실시간 강의

전국 수강생들과 우리 쌤이 직접 대화하는 실시간 인터넷 강의이다. 전국에 있는 50만 명의 학원 강사를 위한 무료 인터넷 강의실이 열린다. 서울 강남의 유명 학원 강사의 강의를 강원도에서 듣고, 전라도에서 듣고, 경상도에서 듣는다. 인기강사가 모인 몇몇의 인터넷 강의 학습 사이트 이야기가 아니다. 학원 강사를 하고 있다면, 학원에서 강의를 듣고 있다면 지금 당장 우리 수강생들에게, 우리 강사님에게 요청하자. 스마트폰으로 인터넷 강좌 열어달라고 말이다.

동영상 캠코더처럼 촬영장비 값만 해도 어마어마하게 비싼 고성능 카메라는 필요 없다. 평소 사용하는 스마트폰 한 대만 있으면 충분하다. 스마트폰을 동영상 촬영 모드로 한 뒤 강사와 제일 가까운 곳에 앵글을 잡아서 세워둔다.

플레이 PLAY 버튼만 누르고 강사와 수강생들은 평소 하던 대로 학습에만 열중하면 된다. 가장 좋은 방법은 10분 정도 간격으로 동영상 촬영을 멈췄다가 다시 하는 방식이다. 나중에 동영상 편집을 할 때 동영상 파일이 너무 큰 용량이 안 되도록 하는 방법이다.

이렇게 만든 동영상은 Daum 팟인코더를 사용해서 자막을 넣고, 제목을 넣은 뒤 본문에 소개한 각 종 인터넷 사이트에 올린다. 인터넷에 올린 동영상을 통해 전국 각 지의 학생들이 학습을 하게 된다.

> 주 또는 이 책 부록으로 제공하는 인터넷방송국(참조: [빅터리 쇼] www.victorleeshow.com)을 설치하고 자신만의 인터넷방송국을 통해 전국의, 전 세계의 학생들에게 강의를 할 수 있다. 직접 개발하려면 최소 한 달 가까이 소요되는 시간적 기간은 제외하더라도, 수백만 원의 개발비와 월 운영비만 해도 부담되는 수준의 비싼 인터넷방송국이지만, 필자가 개발한 인터넷방송사이트는 1년 운영비가 채 5만원도 안 되는 거의 무료 수준의 비용으로 인터넷방송국 형태의 인터넷 강의를 운영할 수 있다. 생방송, 중계방송, 녹화방송, 미리보기, 다시보기가 가능한 인터넷방송 사이트에 대한 자세한 내용은 이 책 [부록] 설명 페이지를 참조하자.

CCTV 현장 방송

상품 홍보와 배송을 실시간으로 방송하는 쇼핑고객 서비스에도 활용할 수 있다.

웹캠으로 불리는 컴퓨터용 소형 카메라 한 대만 있으면 CCTV 영상을 촬영, 녹화까지 할 수 있다. 사무실이나 집에 있는 컴퓨터 노트북 컴퓨터도 가능 한 대에 '웹캠'이라고 불리는 카메라를 부탁하고 CCTV를 촬영할 장소를 향하게 놓아두어 영상을 촬영하기만 하면 된다.

모든 영상은 인터넷에서 자동 녹화되어 실시간으로 저장된다. 스마트폰을 사용한다면 눈에 잘 안 보이는 위치에 스마트폰을 동영상 모드로 놓아두기만 해도 준비가 완료된다. 스마트폰에서 트윗비드 www.twitvid.com 또는 올레온에어 www.olleh.onair.com 와 같은 어플리케이션을 사용한다면 멀리 떨어진 곳에서도 인터넷으로 현장 영상을 실시간 시청할 수 있다.

이런 방법은 트위터 www.twitter.com 등을 기반으로 이뤄지는 것이기 때문에 촬영방식을 [비공개]로 하지 않고 [공개]로 설정해둘 경우 본인 대신 다른 인터넷 사용자가 영상을 봐줄 수도 있다.

> **주** [비공개]로 설정할 경우, 본인만 아는 비밀번호를 다른 사람에게 알려주는 방식으로 현장 영상을 청할 수 있게 할 수도 있다.
>
> [스마트폰 위치서비스 승인] 설정을 해두면 만에 하나라도 스마트폰이 분실될 경우 스마트폰의 위치를 실시간으로 확인할 수 있다.

이벤트 중계

이벤트 파티, 세미나 등를 직접 만들고, 실시간으로 같이 보는 현장에서 활용해보자. 돌잔치, 생일파티, 결혼식, 송년모임, 회사 세미나 등등. 어떠한 이벤트라도 좋다. 스마트폰 한 대만 있으면 국내뿐 아니라 전 세계 어디를 가던 현장에서 생방송 중계가 가능하다. 스마트폰을 켜고 트윗비드 또는 올레온에어를 실행한다. 이렇게 설정한 스마트폰은 현장 분위기를 가장 잘 전달할 수 있는 곳에 위치를 잘 정해두거나 직접 들고 현장을 누비며 곳곳의 영상을 담을 수도 있다.

> 주 트윗비드, 올레온에어의 방송 기능 사용법은 본문 내용에서 참조하자.

영상편지

유학 중인 친구들, 이민 간 가족들끼리 실시간으로 현지 영상을 전할 수 있다. 스마트폰으로 촬영하는 고화질의 영상편지이다. 스마트폰에서 동영상으로 영상을 촬영하고, 스마트폰 동영상을 메일 보내기 또는 MMS 기능으로 아는 친구, 가족에게 보낼 수 있다.

동영상을 컴퓨터로 다운로드 받아서 이메일을 보낼 필요도 없다. 동영상 촬영을 하자마자 스마트폰에서 바로 이메일로 보낼 수 있다. 국내, 국외 위치도 상관없고, 컴퓨터가 있는 곳을 찾아가서 동영상을 컴퓨터로 다시 내려 받아야 할 필요도 없다. 나 혼자라도 가능하다. 스마트폰 한 대로 직접 찍고, 바로 영상을 확인한 후 불필요한 장면은 바로 삭제도 가능하다. 완성된 영상은 이메일로, MMS로 친구와 가족 등에게 보낼 수 있다.

> 주 트윗비드와 올레온에어와 같은 기능을 사용해서 실시간으로 영상편지를 중계해도 좋다. 다만, 이 방법은 친구나 가족들이 컴퓨터 앞에 앉아 있거나 스마트폰으로 내 영상을 볼 수 있는 사이트에 접속한 상태여야 한다는 조건이 있다.
> 가령, 트윗비드 www.twitvid.com/kongnamul와 올레온에어 www.olleh.onair.com/kongnamul에 접속한 상태여야만 내가 실시간으로 보내는 영상을 볼 수 있다는 뜻이다. 인터넷에 익숙하지 않은 나이 드신 부모님들의 경우엔 복잡한 인터넷주소를 입력하는 것 자체가 어려운 일일 수도 있다.

단, 이 책 부록 [인터넷방송국]을 사용할 경우, 나 자신만의 사이트(例, www.victorleeshow.com)에만 접속하면 영상을 볼 수 있다. 스마트폰이나 컴퓨터에서도 같은 주소를 사용하기 때문에 편리하다.

영화촬영

나만의 다큐멘터리로 남기는 소중한 인생의 추억도 만들 수 있다. 스마트폰 카메라로 촬영하는 동영상은 영화 영상에 대등할 정도로 화질 면에서 등 여러 가지로 뛰어나다. HD급의 영상도 가능한 스마트폰 동영상으로 나만의 영화 촬영에 나서보자. 국내/외 곳곳에서 땀 흘리는 영화감독 지망생과 영화배우들, 그리고 동영상 만들기가 취미인 모든 사람들에게 너무 쉽고 간단한 영화촬영 방법이다. 스마트폰 한 대 들고 촬영장 어디든 바로 출발해도 좋다.

단, 스마트폰으로 동영상을 촬영할 때에는 반드시 본 도서를 지참하도록 하자. 실내 촬영과 실외 촬영 시에 주의해야할 점은 물론이고, 영상의 느낌을 미리 볼 수 있는 다양한 샘플영상 장면들이 있다. 스마트폰으로 영화를 촬영하기에 앞서 편집 방법이나 관련 작동법을 익히고 싶다면 이 책 부록 [인터넷방송국]을 이용하도록 하자. 이 책 부록 [인터넷방송국]을 설치하는 사람들에게 한해서, 필자가 아이폰으로 촬영한 아이폰 영화 3편과 아이폰 다큐멘터리 1편까지 4편의 영상을 받아서 동영상 촬영 노하우를 미리 학습할 수 있다.

TV홈쇼핑

TV홈쇼핑처럼 상품 판매를 위한 스마트폰에서 이뤄지는 방송이 가능하다. 컴퓨터가 있고, 웹캠이 있다면 나만의 실시간 홈쇼핑 방송이 가능하다. 집이나 사무실에서, 가게에서 가능한 실시간 홈쇼핑 방송을 통해 상품 판매가 가능하다.

상품을 준비하고, 그 외에 필요한 옷차림 등의 필요한 준비물을 갖췄다면 컴퓨터와 웹캠으로 시작하는 홈쇼핑의 쇼호스트가 되어보자. 스마트폰 한 대로도 가능하다. 스마트폰 실시간 방송 기능을 실행하고 스마트폰을 고정시켜놓은 후 그 앞에서 홈쇼핑 방송을 시작하면 된다. 실시간으로 방송을 보는 사람들이 트위터에 질문을 남기면 그 질문이 영상 화면에 나온다. 사람들의 질문에 응대하면서 멋진 홈쇼핑 방송을 진행해보자.

> **주** 이 책 부록 [인터넷방송국]의 실시간 생방송 기능을 사용하면 나만의 인터넷 주소로 운영하는 홈쇼핑 채널을 만들 수 있다. 전국, 전 세계 소비자들을 고객으로 만들 수 있고, 쇼호스트를 지망하는 사람들은 TV홈쇼핑에 취업하려고 하기 전에 나만의 홈쇼핑 방송국을 만들고 운영할 수도 있다.

화상회의

직원이 보고하는 현장 상황을 회사 동료들이 해결하는 화상회의에도 활용 가능하다. 전국에 프랜차이즈 매장을 운영하는 본사의 직원이 지방으로 출장을 갔을 때, 또는 출판사 영업담당자들이 전국 서점으로 영업활동을 하러 갔을 때 등의 경우에 본사에서 활용할 수 있는 화상회의 기능이다.

뿐만 아니라, 본사 직원이 해외로 출장을 갔을 때도 현지에서 생긴 문제점들을 서울 본사에서 화면을 통해 지켜보며 같이 회의를 할 수도 있다. 판매한 상품에 생긴 불량을 본사에서 같이 보며 회의하고 대응책을 실시간으로 즉시 지시할 수 있으며, 수출한 상품이나 해외 거래처 등의 요구를 본사에서 현지 직원과 얼굴을 마주보며 회의할 수도 있다. 해외 공장, 현지 공장에서 상품을 생산하는데, 생기는 모든 상황들을 본사에서 확인할 수 있고, 전국 각 지 매장의 실시간 모습을 본사에서 실시간으로 확인할 수 있다. 직접 회의하고 협의하는 화상회의가 가능하다.

주 이 책 부록 [인터넷방송국]의 실시간 생방송을 사용하면 회사만의 인터넷 주소를 통해 전국, 전 세계 직원들이 다 같이 실시간으로 화상회의를 할 수 있다.

출장을 간 직원이 스마트폰으로 촬영한 영상을 본사에서 실시간으로 확인할 수 있으며, 각 팀별, 각 부서별 비공개 회의가 필요할 경우엔 인터넷방송 사이트에 비밀번호 기능을 부여해서 승인받은 한정된 인원만 참여할 수도 있다.

구매대행

쇼핑 현장에서 상품을 직접 고르는 실시간 구매대행도 해보자. 본격적인 소셜쇼핑 시대에 돌입하면서 사람들은 트위터 등을 통해서 가격이 저렴하고 품질이 좋은 상품을 공동구매 형태로 구입하고 있다. 트위터 등의 소셜네트워크를 통해서 쇼핑 정보를 주고받고 다양한 상품정보를 올린다.

이 경우 스마트폰을 사용하면 실시간으로 사람들과 소통하며 공유하는 쇼핑이 가능하다. 가령, 스마트폰을 들고 쇼핑 장소에 가서 트윗비드 또는 올레온에어 기능을 실행한다. 그러면 사람들이 트위터 등을 통해 내 모습과 내가 움직이는 쇼핑 장소의 장면을 영상으로 보게 되는데 이때 트위터 문자 메시지 또는 전화로 자신들이 원하는 상품을 쇼핑해달라고 할 수 있다.

스마트폰을 들고 다니며 A 상품을 보여주고, 가격을 보여주며 판매원에게 A상품에 대해 자세한 질문을 할 수 있다. 이 모든 과정에 다른 사람들이 스마트폰을 통해서, 인터넷을 통해서 참여할 수 있는 것이다. 자신들이 보고 있는 상품에 대해서 트위터를 통해 질문을 올리기도 하고 다른 사람들에게 A상품이 좋은지, 가격이 괜찮은지 의견을 나눌 수도 있다. 쇼핑을 하러 갓 사람은 한 명이지만 다른 사람들이 스마트폰을 통해서 같이 참여하는 것이다.

> **주** 이 책 부록 [인터넷방송국]의 기능 가운데 생방송 기능이 있다. 아이폰 사용자가 영상을 촬영하면 같은 영상을 실시간으로 인터넷방송사이트를 통해 다른 사람들이 시청할 수 있게 해주는 기능이다.

이 기능을 사용하면 스마트폰 한 대로 실시간 쇼핑방송이 가능하다. 백화점으로, 마트로, 명품매장으로, 동대문시장으로 나서자. 내가 스마트폰으로 촬영하는 영상을 실시간으로 보는 많은 사람들이 상품을 주문하고 대금을 결제할 것이다.

사람들은 집에서, 사무실에서 편하게 인터넷 화면을 보고 상품에 대해 이것저것 질문하며 쇼핑을 할 수 있다. 힘들게 컴퓨터 앞에 앉아서 상품사진을 클릭해볼 필요도 없고, 가격 비교 사이트를 돌아다니며 조금이라도 더 싼 가격을 찾을 필요도 없다.

현장녹음

클릭 한 번이면 현장 녹음과 동시에 그대로 실시간 현장 방송을 할 수 있다. 스마트폰의 음성메모 기능이나 동영상촬영 기능을 사용하면 그 자체로 훌륭한 보이스레코더, 즉 음성녹음기가 된다. 중요한 회의 자리, 녹음이 필요한 협상 자리에 등에서 활용할 수 있는 이 기능은 컴퓨터에 파일을 저장해서 보관할 수도 있다. 일반 휴대전화 이상 가는 뛰어난 화질을 바탕으로 선명하게 들리는 오디오_{소리} 녹음 기능이 추천받을 만하다.

커뮤니티

블로그, 미니홈피에 나만의 동영상을 만들어 올려보자. 나만의 블로그, 나만의 미니홈피에 내가 만든 동영상을 올리고 다른 이들과 공유할 수 있다. 몸집만 커다란 DSLR이나 디지털카메라는 필요 없다. 게다가 가격도 비싼 캠코더와 영화촬영용 방송카메라들도 이젠 안녕이다.

휴대도 간편하고, 화질도 HD급으로 뛰어난 스마트폰 한 대만 있으면 블로그와 미니홈피 동영상 콘텐츠를 무궁무진하게 만들 수 있다. 게다가 동영상을 촬영하고 바로 스마트폰에서 보내는 트위터 등의 단문메시지 기능을 사용하면 친구들과 거의 동시에 동영상을 같이 즐길 수도 있다. 친구들은 내가 올린 동영상 주소만 클릭하면 자신들의 스마트폰에서 동영상을 바로 받아볼 수 있기 때문이다.

이상으로 아이폰으로 만드는 동영상의 쓰임에 대해서 살펴봤다. 여기에 소개한 기능 가운데에는 이미 그 기능을 사용 중인 사람들도 많이 있을 수 있는 반면에 처음 알게 되는 새로운 기능도 있을 것이다.

특히, 실시간 화상회의, 실시간 TV홈쇼핑, 실시간 구매대행, 인터넷 강의 등의 기능들은 많은 회사와 많은 사람들이 필요로 하는 기능들이라고 생각된다.

소비자들은 실시간을 무기로 하는 스마트폰 생활로 이동하고 있는 현실임에도, 이미 옛날 방식이 되어버린 컴퓨터 쇼핑몰에 집중하거나 다른 구태의연한 방식에 집중한다는 것은 의미가 없는 일이다.

파도가 몰려오면 파도를 피하는 바보가 되는 대신에 파도를 올라타서 즐기는 파도타기 선수가 되는 것이 더욱 바람직한 일이다. 스마트폰으로 시작하는 모바일커머스의 등장과 모바일 라이프의 활성화에 대비하여 자신에게 맞는 기능들을 받아들이고 한발 앞서 나가는 리더가 되어보자. 큰 파도가 오면 큰 파도를 즐기고, 작은 파도가 오면 작은 파도 위에 즐기는 진정한 프로페셔널 파도타기 선수가 되어보자는 뜻이다.

스마트폰 한 대로, 스마트TV 방송국이 가능하다.

뿐만 아니라... 스마트폰으로 영상을 촬영하면서

인터넷방송국 운영이 가능하고,

스마트폰으로 촬영한 영상은 인터넷에 자동으로 저장된다.

스마트폰 한 대로 인터넷을 통해

방송하는 방법을 알아보자.

PART 6
인터넷 TV 극장 만들기
아이폰 영화를 인터넷에 방송해보자

chapter 1
올레온에어

트위터 로그인을 통해서 이용할 수 있는 인터넷방송 사이트이다.
한국어로 된 사이트이며, 외국 사용자들을 대상으로 영어 메뉴도 제공한다.
초창기에는 트윗온에어였으나 2011년 1월 25일부터 올레온에어로 서비스하고 있다.
아이폰을 통해 어플리케이션을 제공하고 있으며, 컴퓨터에서 웹캠만으로도 방송이 가능하다.
올레온에어를 통해 스마트폰과 컴퓨터에서 방송하는 방법을 알아두자.

1 아이폰에 어플리케이션 설치하기

아이폰 앱스토어 또는 아이튠즈 응용프로그램에서 '올레온에어' 또는 'ollehonair'를 검색하여 컴퓨터 또는 아이폰에 직접 다운로드받아 설치한다. 컴퓨터에 설치한 아이튠즈에서 iTunes Store 을 선택하고, Store 검색 에서 올레온에어를 검색하면 해당 어플리케이션이 표시된다.

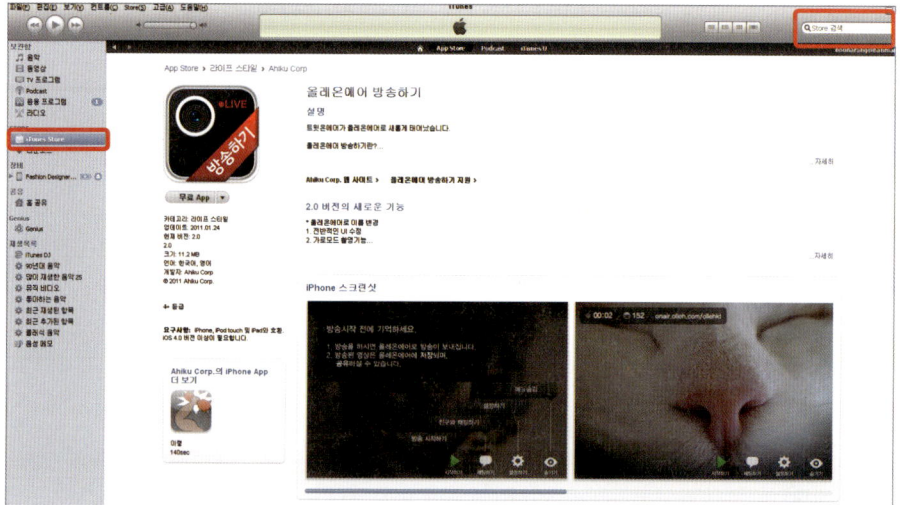

페이지에서 무료 App 을 클릭하면 어플리케이션이 컴퓨터에 다운로드 된다. 작업을 마친 후에 아이폰이 연결된 상태에서 [동기화]를 눌러주면 어플리케이션이 아이폰에 설치된다. 또는 아이폰에서 직접 어플리케이션을 다운로드받아 설치할 수 있다.

PART 6
인터넷 TV 극장 만들기
아이폰 영화를 인터넷에 방송해보자

해당 항목을 선택하면 올레온에어 항목이 표시된다.

[무료] 표시를 눌러서 [설치]를 실행하면 아이폰 바탕 화면에 올레온에어가 설치된다.

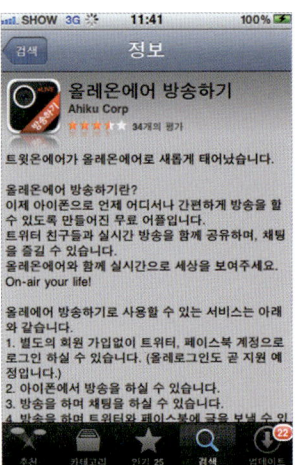

올레온에어가 설치 진행되는 과정은 아이콘 위에 표시된다.

설치가 완료되면 올레온에어의 아이콘이 와 같이 정상 표시된다. 올레온에어를 실행해서 아이폰을 사용하는 생방송을 해보자.

올레온에어를 선택하면 먼저 로그인 정보 입력 페이지가 열린다.

트위터 계정을 이용하거나 페이스북, 또는 올레닷컴 계정을 사용하여 로그인 하도록 한다. 필자의 경우, 트위터 계정으로 로그인을 한다.

아이폰으로 생방송이 가능한 올레온에어를 사용하려면 로그인 정보를 입력해야 한다. [자동로그인] 자동로그인 기능을 사용함으로 와 같이 설정해두면 기능 실행 때마다 로그인을 하지 않아도 된다.

2 기능 알아두기

올레온에어 기능을 알아보자.

로그인

 트위터 로그인 을 선택했을 경우 진행되는 로그인 과정이다. 필자가 트위터를 사용하는 이유는 올레온에어 생방송을 할 때 [채팅] 기능 및 방송 시작 멘트를 트위터 계정으로 동시에 사용할 수 있기 때문인데, 트위터는 페이스북이나 다른 계정과 다르게 동시에 여러 사용자들에게 전파력이 빠르다는 장점이 있다.

[트위터 로그인] 과정이다. 트위터 아이디와 비밀번호를 입력한다. 만약, 트위터 계정이 없다면 아이폰 화면에서 트위터 가입이 가능하다.

아이디란과 비밀번호란을 손가락으로 누르면 화면 아래쪽에서 자판이 표시된다. 아이디와 비밀번호를 누르고 [로그인]을 눌러서 완료하자.

일반설정

올레온에어 로그인을 마치면 아이폰 카메라를 통해 영상이 나타난다. 올레온에어를 처음 사용하는 경우 화면에 안내 글이 공지된다.
각각의 기능 설명을 알아두도록 하자.

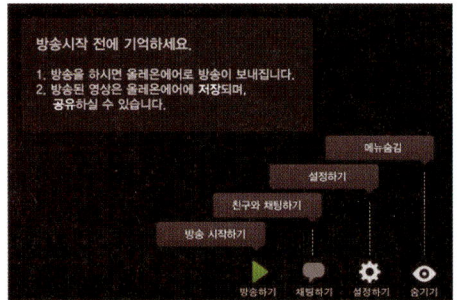

내가 사용하는 올레온에어 계정은 [채널주소]로 표시된다. 필자의 경우, 트위터 계정을 사용하는 http://onair.olleh.com/kongnamul로 표시된다.
[위치서비스 사용]이란 내가 올레온에어를 사용하는 위치를 공개하겠는가 여부를 설정하는 기능이다. [켬] 또는 [끔]으로 지정 가능하다.

비디오 화질

[비디오]의 경우, [3G에서 방송]과 [고해상도] 방송이 있다. 3G에서 방송을 설정하면 와이파이 상태뿐 아니라 3G 통신 상태에서도 올레온에어 사용 가능한데, 이 경우 콘텐츠 사용량이 급증하여 통신료가 늘어날 수 있다.

[고해상도] 서비스는 저화질인 경우 올레온에어 영상으로 방송할 때 1초당 15프레임 정도로 화질이 표시되는데, 나중에 30프레임 정도 규모까지 사용할 수 있다. 단, 고해상도로 설정하고 올레온에어를 사용할 경우엔 통신료 증가 및 통신 상태에 따른 화면 끊김 등의 장애가 발생할 수도 있다.

서비스연동

[서비스 연동] 기능 설정이다.

올레온에어 방송을 할 때 [채팅] 기능에서 작성하는 멘트를 '페이스북', 또는 '트위터' 등의 본인 계정에 동시에 올릴 수 있다. 이 기능을 사용할 경우, [채팅 보내기]를 사용한다.

3 방송하기

올레온에어로 방송을 해보자. 아이폰으로 방송하는 방법과 일반 컴퓨터에서 웹캠으로 방송하는 방법을 알아보자.

아이폰으로 방송하기

아이폰 바탕화면에서 을 선택한다.

아이폰 화면에 올레온에어 방송 화면이 나타난다. 방송을 하려면 [방송하기] 을 누른다.

[방송제목]을 입력하는 과정이다. 제목을 입력하지 않을 경우, 초기 멘트로 설정된 내용이 그대로 표시된다. 이때 표시되는 [방송제목]은 내가 사용하는 트위터로 보낼 수 있다. 만약, 페이스북을 사용하는 경우, '페이스북' 계정의 글로

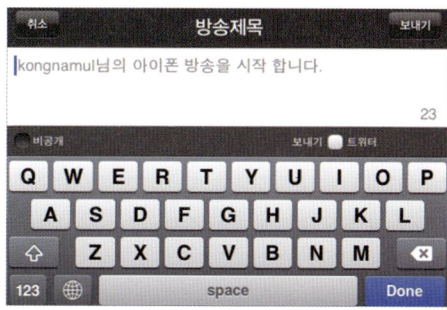

자동 등록되면서 트위터에도 보낼 수 있는 기능이다. 방송제목을 입력할 때 오탈자가 생기면 [지우기] 를 눌러서 수정할 수 있다.

[비공개] 방송을 원할 경우엔 을 눌러서 비밀번호를 부여받는다. 비밀번호를 아는 사람만 방송 시청이 가능하다. 방송제목을 입력하면 [보내기] 또는 [DONE] 를 누른다.

올레온에어 방송이 시작되었다. 01:21 은 방송진행 시간을 표시하며, 0 은 내 방송 시청자 수를 표시한다. 방송 시청은 방송 주소를 표시하는 와 같은 주소를 사용하는데, 컴퓨터로 접속하거나 아이폰 등의 스마트폰으로도 접속하여 시청할 수 있다.

[채팅] 기능을 사용해서 방송 도중이라도 시청자들과 멘트를 주고받을 수 있다. 멘트는 화면에 표시된다. 채팅 멘트를 트위터에 보내고 싶을 경우 [보내기 트위터]을 선택해두면 자동으로 트위터 멘트로 표시된다.

아이폰에서 방송 시청하기

올레온에어에서 방송을 하면 나만의 방송 주소가 생기고 스마트폰 이용자들은 올레온에어 방송 주소를 통해 방송 시청이 가능하다. 스마트폰에서 인터넷 기능을 실행하고 방송 주소를 주소창에 입력한다.

필자가 아이폰 올레온에어로 하는 방송 주소는 www.onair.olleh.com/kongnamul 이다. 단, [방송보기]에서 위 주소를 사용할 경우, 생방송 중이 아니라면 아무 영상도 나오지 않는다. 녹화된 방송을 보고자 할 경우엔 각 방송마다 설정된 URL 주소를 입력해야 한다.

아이폰으로 필자의 올레온에어 방송 주소를 접속해보자. '현재 방송 중이 아닌 유저 채널입니다.' 메시지가 나타난다. [승인]을 눌러보자.

필자의 예전 방송 목록이 표시된다. 접속 주소는 http://onair.olleh.com/ch/kongna-mul가 되었다. 아이폰 방송시청에서 [지난 방송 보기] 주소는 /ch/이 추가된 것을 볼 수 있다.

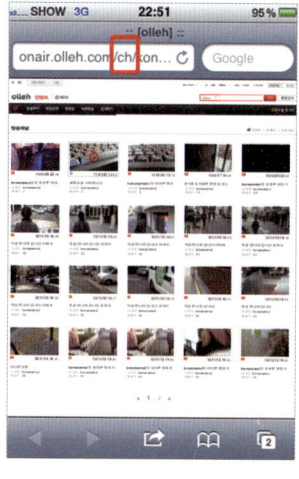

방송 목록 가운데 하나를 선택해보자. 빨간 화살표가 나타난다. 빨간 화살표를 다시 누르면 해당 방송영상 주소로 이동한다.

PART 6
인터넷 TV 극장 만들기
아이폰 영화를 인터넷에 방송해보자

해당 방송영상의 주소는 이다.

다시 말하자면, 올레온에어 사용자는 각자 방송 주소를 갖게 되는데, 실제 방송을 할 때는 그 방송만의 임의의 주소가 부여된다는 점이다. 이로 인해서 나중에 녹화방송 보기가 가능하다.

필자의 올레온에어 방송 주소 http://onair.olleh.com/kongnamul에서 방송을 할 때마다 각기 다른 방송 주소가 부여되는데, 위 방송의 경우, /aWt가 주소로 된 것이다. 다시 보고 싶은 방송을 선택해서 을 누르면 영상이 재생된다.

이와 같이, 아이폰에서 방송 시청하는 방법에 대해 알아봤다.

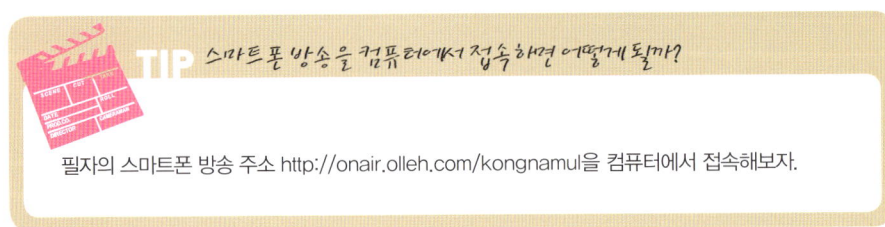

필자의 스마트폰 방송 주소 http://onair.olleh.com/kongnamul을 컴퓨터에서 접속해보자.

필자의 올레온에어 방송 페이지가 열렸다. 방송을 하지 않는 상태로 표시되었다. 화면 아래에 [최신 방송 업데이트] 목록에 지난 방송이 표시되었다.

4 웹캠으로 방송하기

올레온에어를 컴퓨터에서 로그인 한 후 생방송을 시도해보자. 화면에서 을 누른다.

이 나타났다. 필자의 경우 [트위터 로그인]을 눌렀다.

트위터 계정 로그인 창이 열린다. 아이디와 비밀번호를 입력한다. Allow 을 누른다.

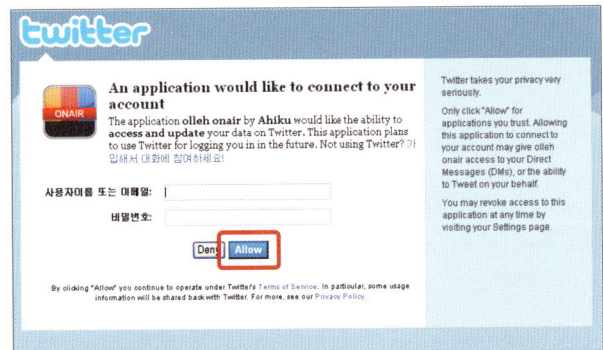

올레온에어에 로그인 상태가 되었다. designer Victor Lee 으로 확인할 수 있다. 방송하기 을 눌러서 생방송을 해보자. 단, 웹캠 등의 방송카메라가 연결된 상태이어야만 한다.

방송을 시작하기 위해 준비하는 과정이다. 방송제목을 입력하고, 녹화 여부를 설정하며, 공개 여부를 설정한다. 최대 연속 방송 시간은 1시

간이며, 1시간 후 자동 종료된다. 하루 최대 방송 할 수 있는 시간은 4시간으로 최대 동시 시청자수는 100명을 지원한다. 해당소는 320×280를 지원한다.

단, 프리미엄 서비스를 사용할 경우, 하루 24시간 무제한 방송이 가능하며, 동시 시청자 수는 1000명을 지원하고 HD급 고화질 방송이 가능하다.

설정을 마치고, [다음단계]를 누른다.

컴퓨터에 연결된 카메라와 마이크를 자동으로 연결해서 허용 여부를 확인한다.

[허용]을 누른다.

방송 기능을 설정한다. 비디오 화질, 오디오 품질 및 네트워크 속도를 체크한다. [완료]를 눌러서 마무리한다.

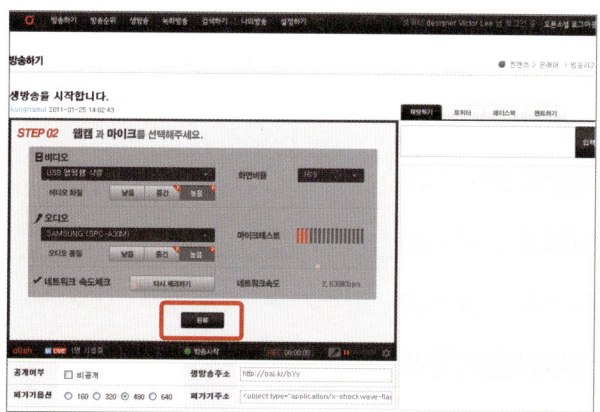

올레온에어 방송창에 영상이 표시된다. 그러나, 이 단계는 생방송을 하는 게 아니다. 카메라에 비춰지는 영상이 컴퓨터에 표시될 뿐이다. 본 방송을 하려면 [방송시작]을 눌러야 한다.

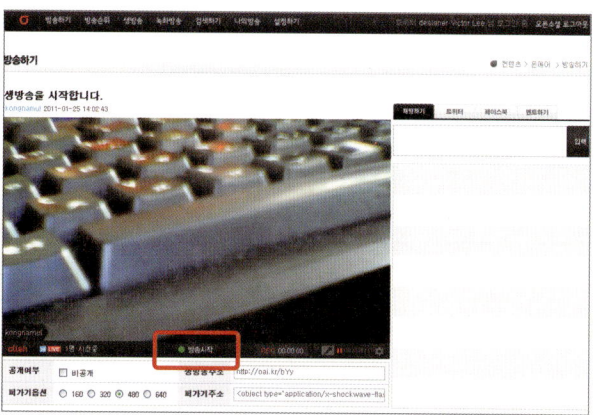

PART 6
인터넷 TV 극장 만들기
아이폰 영화를 인터넷에 방송해보자

방송화면에 3, 2, 1이라는 숫자가 표시되며 숫자 1이 사라지면서 방송이 시작된다. 방송을 중단할 경우엔 ■방송종료 을 누른다.

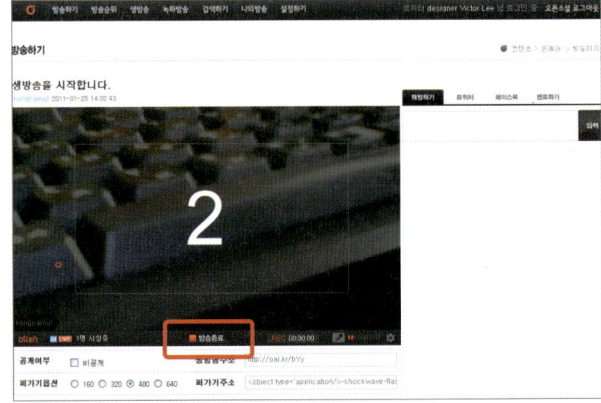

방송이 중단되었다. 이와 같이 방송시작과 진행을 할 수 있다.

방송을 하면서 방송창 옆에 채팅 메뉴를 사용하면 트위터와 페이스북과 연동되는 기능이 있다. 필자가 방송을 시작했을 때 트위터의 필자 계정에도 자동으로 방송 알림 글이 등록된 것을 볼 수 있다.

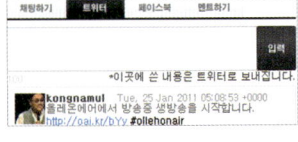

올레온에어 방송은 각 방송의 고유 방송 주소가 부여되며, 개인 블로그 등의 다른 사이트로 [방송 퍼가기]를 할 수 있다.

chapter 2

무료 인터넷방송국+스마트방송국 만들 수 있다

스마트폰으로 동영상을 촬영하고 편집해서 인터넷에 올리는 방법은 앞에서 배웠다.
그리고, 스마트폰 카메라를 활용해서 트위터 기능을 이용한 인터넷방송이 가능하다는 것도 알았다.
스마트폰으로 촬영하고 스마트폰에서 보는 방송은 알았는데, 스마트폰과 컴퓨터를 동시에 사용할 수는 없을까?
스마트폰으로 나만의 방송을 하면서 컴퓨터에서 보는 방법에 대해 소개한다.
스마트폰으로 촬영한 영상을 데스크탑 컴퓨터에서 볼 수 있다.
스마트폰을 들고 국내, 해외 어디에 있든지 현장의 영상을 촬영하면
컴퓨터 모니터를 통해서 전 세계 모든 사람들이 볼 수 있다.
스마트폰과 컴퓨터를 동시에 활용하는 인터넷방송국을 만들어보자.

1 임베드 EMBED 기능 이해하기

'임베드'란 '끼워 넣다'라는 뜻의 영어단어이다. 글자 그대로 이해하자면 어떤 웹사이트에서 동영상이나 그림 등의 콘텐츠를 표시해주는 기능이란 뜻이다.

예를 들어, 인터넷방송국 '빅터리 쇼' www.victorleeshow.com을 만들면서 첫 페이지에 동영상을 넣고자 할 경우, 임베드 방식을 사용해서 동영상이 나오게 할 수 있다는 뜻이다. 단, '빅터리 쇼' 사이트를 구성하는 웹 소스코드에서 html에 대한 약간의 지식이 필요하다.

가령 위와 같은 웹사이트를 운영할 때 동영상 같은 콘텐츠를 나오게 할 경우 사이트 호스팅에 우려가 생기는 트래픽의 부담이 있는데, 많은 사람들이 접속할 때는 사이트를 운영하는 컴퓨터에 부담을 주어 느려지거나 자칫 다운되는 결과까지 생기기 때문이다. 이와 같은 이유로 동영상 호스팅을 할 경우 적지 않은 비용을 지불하거나 아예 자체 서버를 갖추는 비용을 지불하는 사람들도 많다.

그러나 임베드 기능을 사용해서 운영할 경우, 동영상 스트리밍에 대한 비용 부담이 없기 때문에 인터넷방송국 등의 목적으로 사용해도 사이트 호스팅 운영에 부담이 없다. 동영상 스트리밍 운영비 걱정을 덜고, 나만의 인터넷방송국도 운영하는 여러 가지 혜택이 있다는 뜻이다.

'빅터리 쇼'에서 임베드 기능을 사용한 부분은 동영상이 표시되는 부분이다. 트윗비드와 올레온에어 www.olleh.onair.com 의 임베드 소스를 웹사이트에 넣어서 동영상이 표시되게 한 것이다. 임베드 기능을 활용해서 인터넷방송국을 만드는 방법에 대해 알아두자.

주 2011년 1월 25일에 KT는 '올레온에어' 서비스를 시작했다. '올레온에어'는 SNS 트위터 기반 1인 스마트폰 인터넷방송 서비스이다.

도메인 준비

우선, 나만의 인터넷 주소를 갖고 있어야 한다. 도메인 주소란 인터넷 웹브라우저의 주소창에 입력하는 인터넷 주소를 말하는데, Daum www.daum.net 와 네이버 www.naver.com 등도 인터넷 주소이다.

인터넷 도메인 주소를 등록하는 방법은 등록대행 사이트에서 신청하는데, 정보넷 www.jungbo.net, 후이즈 www.whois.co.kr, 카페24 www.cafe24.com, 닷네임코리아 www.dotname.co.kr, 가비아 www.gabia.com 등이 있다.

각 사이트를 살펴보고 비용과 혜택을 고려하여 도메인 주소를 등록하도록 하자.

웹호스팅

웹호스팅 WebHosting 이란 익스플로러, 크롬 등의 웹브라우저를 통해 표시되는 html 페이지를 컴퓨터 서버에 저장해서 인터넷을 통해 표시되게 해주는 기능을 말한다. 가령, '빅터리 쇼'란 웹사이트는 여러 가지 이미지와 동영상, 각 종 기능을 실행하게 해주는 프로그래밍 언어들로 이뤄진 곳인데, '빅터리 쇼'를 구성하는 이런 콘텐츠들을 저장해두는 컴퓨터가 필요하고, 이런 컴퓨터를 '서버'라고 부르며 24시간 항상 켜두고 인터넷에 접속된 상태로 유지하는 것을 '호스팅'이라고 부른다.

'웹호스팅'이란 인터넷을 통해 웹브라우저에서 표시되는 다양한 사이트를 구성하는 콘텐츠를 저장해주고 인터넷에 표시되도록 도와주는 기능으로 이해할 수 있다. 이런 웹호스팅 기능 덕분에 인터넷 도메인 주소창에 www.victorleeshow.com을 접속하면 '빅터리 쇼'를 구성하는 게시판이 나타나고, 동영상이 나오고, 각종 이미지들이 컴퓨터 모니터에 보이게 되는 것이다.

'웹호스팅'은 각자의 컴퓨터를 이용해서 할 수도 있는데, 24시간 켜두고 자신의 웹사이트 구성 콘텐츠를 저장해서 인터넷에 연결되어 표시되도록 해주면 된다. 그러나 서버 관리자 기능이 가능한 전문 프로그래머가 필요하고, 24시간 항상 켜둬야 하는 컴퓨터 역시 작동하기에 적합한 공간이 필요하기 때문에 대부분의 경우 웹호스팅 업체에게 호스팅을 의뢰하여 사용한다.

웹호스팅 업체는 위에서 소개한 인터넷 도메인 등록대행 업체들이 대부분 대행해주고 있는바, 정보넷 www.jungbo.net, 카페24 www.cafe24.com, 닷네임코리아 www.dotname.co.kr, 가비아 www.gabia.com 등의 사이트에서 이용할 수 있다.

2 임베드 소스 설치하기

'EMBED' 소스를 각자의 인터넷 사이트에 끼워넣어서 동영상을 나오게 해보자. 나만의 인터넷 방송국이 더욱 멋진 곳으로 바뀐다. 아이폰 iPHONE과 갤럭시폰 GALAXY 등의 스마트폰으로도 시청하고, 아이패드 iPAD 등의 태블릿PC를 통해서도 시청된다.

인터넷 사이트를 운영하는 사람이라면 누구나 간단하게 자신의 사이트에 임베드 기능을 넣을 수 있다. 보고 따라하며 나만의 인터넷방송국을 만들어보자.

index.html 이해하기

세계 최초로 스마트폰으로 촬영하고 컴퓨터에서 방송하는 스마트TV 방송국 '빅터리 쇼'를 통해 html 페이지에 대해 알아보자.

'빅터리 쇼' 사이트를 html 소스 형태로 바꿔서 살펴보자. 아래 점선에서 점선이 끝나는 부분까지이다. 인터넷 사이트를 html 소스형태로 보는 방법은 웹브라우저 보기(V) 메뉴 가운데 원본(C) 기능을 선택하면 된다.

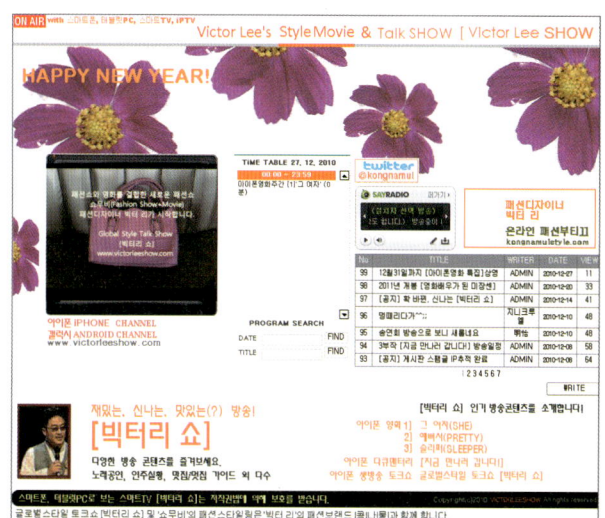

html 소스 형태로 보는 창이 나타난다.

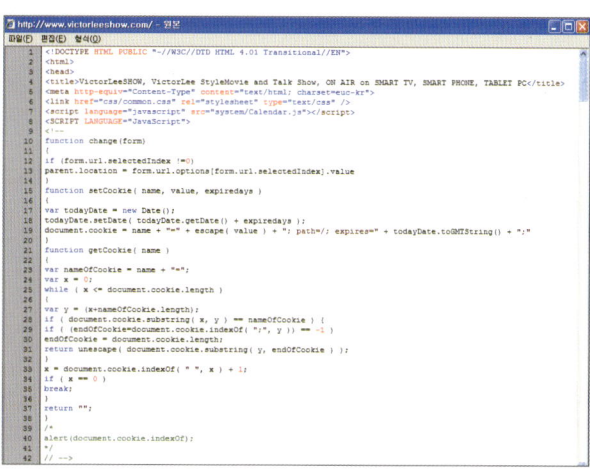

PART 6
인터넷 TV 극장 만들기
아이폰 영화를 인터넷에 방송해보자

> **주** [원본 보기] 기능을 사용하지 않는 웹사이트의 경우도 있다. 이 경우, 사이트의 소스를 보는 것 자체가 타인의 권리를 침해할 수 있으므로 삼가도록 한다. [빅터리 쇼] 또한 저작권 등록된 저작물이므로 저작권자의 서면 승인 없이 [빅터리 쇼] 사이트 소스를 복사하거나 변경, 배포 등의 일체의 저작권 침해 행위를 하는 것은 저작권법으로 금지되어 있다.

[빅터리 쇼]를 html 소스를 살펴보자.

```
<!DOCTYPE HTML PUBLIC "-//W3C//DTD HTML 4.01 Transitional//EN">
<html>
<head>
<title>VictorLeeSHOW, VictorLee StyleMovie and Talk Show, ON AIR on SMART TV, SMART PHONE, TABLET PC</title>
<meta http-equiv="Content-Type" content="text/html; charset=euc-kr">
<link href="css/common.css" rel="stylesheet" type="text/css" />
<script language="javascript" src="system/Calendar.js"></script>
<SCRIPT LANGUAGE="JavaScript">
<!--
function change(form)
{
if (form.url.selectedIndex !=0)
parent.location = form.url.options[form.url.selectedIndex].value
}
function setCookie( name, value, expiredays )
{
var todayDate = new Date();
todayDate.setDate( todayDate.getDate() + expiredays );
document.cookie = name + "=" + escape( value ) + "; path=/;
```

```
expires=" + todayDate.toGMTString() + ";"
}
function getCookie( name )
{
var nameOfCookie = name + "=";
var x = 0;
while ( x <= document.cookie.length )
{
var y = (x+nameOfCookie.length);
if ( document.cookie.substring( x, y ) == nameOfCookie ) {
if ( (endOfCookie=document.cookie.indexOf( ";", y )) == -1 )
endOfCookie = document.cookie.length;
return unescape( document.cookie.substring( y, endOfCookie ) );
}
x = document.cookie.indexOf( " ", x ) + 1;
if ( x == 0 )
break;
}
return "";
}
/*
alert(document.cookie.indexOf);
*/
// -->
</SCRIPT>
</head>

        <body>
```

```
                    <table width="100%" border="0" align="center" cellpadding="0" cellspacing="0">

                        <!-- Top -->
                        <TR>
                            <TD>
                                <TABLE cellpadding="0" cellspacing="0" border="0" width="100%">
                                    <TR>
                                        <TD>
                                            <TABLE cellpadding="0" cellspacing="0" border="0" width="980" align="center">
                                                <TR>
                                                    <TD align="center"><img src="image/top_bar.gif"></TD>
                                                </TR>
                                            </TABLE>
                                        </TD>
                                    </TR>
                                </TABLE>
                            </TD>
                        </TR>
                        <!-- //Top -->

                        <!-- MAIN ( style="background:url(image/main_back.gif) repeat-x" 지웠음) -->
```

```
                    <TR>
                        <TD>
                            <TABLE cellpadding="0" cellspacing="0" border="0" width="100%">
                                <TR>
                                    <TD>
                                        <TABLE cellpadding="0" cellspacing="0" border="0" align="center" width="980" style="background:url(image/main_back_1.gif) no-repeat" >
                                            <TR>
                                                <TD height="173"></TD>
                                            </TR>
                                            <TR>
```

```
<TD>

<TABLE cellpadding="0" cellspacing="0" border="0" align="center" width="980">

    <!-- Video -->

    <TR>

        <TD width="346" valign="top">

            <TABLE cellpadding="0" cellspacing="0" border="0" valign="top" align="center" width="100%">
```

```
                    <TR>

                        <TD width="46"> </TD>

                        <TD>

                            <iframe scrolling="no" name="mov"
src="movie.php" frameborder="0" width="100%" width="400px" height="350px"></iframe>

                        </TD>

                    </TR>

                </TABLE>

            </TD>

            <!--여백-->

            <TD width="20"></TD>

            <!--//여백-->

            <!-- //Video -->

            <!-- 방송편성-->
```

```html
                <TD valign="top"   style="background:url(image/board_back.gif) no-repeat">

                    <TABLE  cellpadding="0"  cellspacing="0" border="0" align="center" width="100%">

                        <TR>

                            <TD width="190" style="padding-top:5px" valign="top">

                                <table cellpadding="0" cellspacing="0" border="0" align="center" width="100%" height="260">

                                    <tr>

                                        <Td>

<TABLE cellpadding="0" cellspacing="0" border="0" bordercolor="#FF6600" bgcolor="#FFFFFF" align="center" width="100%" height="260">

                                            <!-- 오늘 방송 -->

                                            <TR>

                                                <td>
```

```
            <Table cellpadding="0" cellspacing="0" border="0"
align="center" width="100%">

                    <tr>

                        <TD height="20">  <b>

                            TiME TABLE 26. 12. 2010

                        </b>

                        </TD>

                    </tr>

                    <TR>

                        <TD valign="top"><iframe name="timetable"
scrolling="yes" src="broadcasting.php?com_enddate1=&com_enddate2="
frameborder="0" width="100%" height="240"></iframe></TD>

                    </TR>

                </table>

            </td>
```

```
                    </tr>

        </table>


                                    </td>

                                </tr>

                            </table>

                        </td>

                    </tr>



                    <!-- 지난 방송 -->

                    <tr>

                        <td>

                            <table cellpadding="0" cellspacing="0" border="0" bordercolor="#009900" bgcolor="#FFFFFF" align="center" width="100%">

                                <tr>
```

```html
                                <td>
<table cellpadding="0" cellspacing="0" border="0" bordercolor="#009900" align="center" width="100%">
    <TR>
        <TD height="20">      <img src="image/title_search.gif"></TD>
    </TR>
<form name="sform1" method="post" action="index.html">
    <TR>
        <TD height="10"> <img src="image/title_date.gif"> <input type="text" name="com_enddate1" class="t_box100" style="cursor:pointer" onclick="Calendar_D(this);" readonly size="15" /> <img src="image/bt_find.gif" onclick="submit();" style="cursor:pointer"></TD>
    </tr>
</form>
            <form name="sform2" method="post" action="index.html">
```

```html
                <TR>

                    <TD height="10"> <img src="image/title_title.
gif">

                        <input type="text" name="com_enddate2" class="t_
box100" size="15" /> <img src="image/bt_find.gif" onclick="submit();"
style="cursor:pointer">

                    </TD>

                </tr>

            </form>

    </table>

                                                            </td>

                                        <tr>

                                </TABLE>

                            </td>

                        </tr>
```

```
            </table>

        </TD>



<!-- //방송편성-->



<!--게시판 -->

        <TD valign="top" style="padding-top:5px; padding-left:5px">

            <TABLE cellpadding="0" cellspacing="0" border="0" align="center" width="100%">

                <TR>

                    <TD><a href="http://www.twitter.com/kongnamul" target="new"><img border="0" src="image/board_title.gif"></TD>

                </TR>

                <!--게시판 iframe -->

                <TR>
```

```
							<TD colspan="2">
								<TABLE cellpadding="0" cellspacing="0" border="0" width="100%">
									<TR>
										<TD>
											<TABLE cellpadding="3" cellspacing="0" border="0" width="166">
												<!-- 시작 -->
												<TR>
													<TD>
														<object id="__sayradiowidget" classid="clsid:D27CDB6E-AE6D-11cf-96B8-444553540000" codebase="http://download.macromedia.com/pub/shockwave/cabs/flash/swflash.cab#version=10,0,22,87" width="166" height="103"><param name="movie" value="http://dl.sayclub.kr/sayclub/sayradio/SayRadioWidgetSmall.swf" /><param name="allowScriptAccess" value="always" /><param name="flashvars" value="playerSize=small&castAddr=http%3A//vlshow.saycast.com&autoStart=true" /><param name="wmode" value="transparent" /><embed id="__sayradiowidget" src="http://dl.sayclub.kr/sayclub/sayradio/SayRadioWidgetSmall.swf" width="166" height="103" allowScriptAccess="always" flashvars="playerSize=small&castAddr=http%3A//vlshow.saycast.com&autoStart=true" wmode="transparent"></embed></object>
```

```
				</TD>

				<TD>

							<a href="http://www.kongnamulstyle.com" target="new"><img border="0" width = "226" height="103" align="center" src="image/victor_main.gif"></a>

				</TD>

			</TR>

			<!-- 끝 -->

			<!-- iFrmae-->

			<TR>

				<TD colspan="2">

							<iframe name="board" scrolling="no" src="/board/list.php?id=19" frameborder="0" width="410" height="230"></iframe>

				</TD>

			</TR>
```

```
                                        <!-- //iFrmae-->

        </TABLE>

                                                                </TD>

                                                        </TR>

                                                </TABLE>

                                        </TD>

                                </TR>

                                <!--//게시판 iframe -->

                        </TABLE>

                    </TD>

                </TR>

                <!--//게시판 -->

            </TABLE>

    </TD>
```

PART 6
인터넷 TV 극장 만들기
아이폰 영화를 인터넷에 방송해보자

```
                                </TR>
                            </TABLE>
                        </TD>
                    </TR>




                    <!--//MAIN-->
                    <!-- 스크롤 flash -->
                    <TR>
                        <TD>
                            <TABLE cellpadding="0" cellspacing="0" border="0" align="center" width="100%">
                                <TR>
                                    <TD height="120" align="center">
        <img src="image/bottom_back.gif" border="0">
                                    </TD>
                                </TR>
                            </TABLE>
                        </TD>
                    </TR>
                    <TR>
                        <TD>
                            <TABLE cellpadding="0" cellspacing="0" border="0" align="center"
```

```
width="100%">
                                                                <TR>
                                                                 <TD
align="center"><img src="image/footer_menu.gif"></TD>
                                                                </TR>
                                                              </TABLE>
                                                           </TD>
                                                         </TR>
                                                       </TABLE>
                                                    </TD>
                                                  </TR>
                                         </table>
                         </body>
</html>
```

위 소스 가운데 파란색으로 표시한 부분이 '방송 영역'을 표시하는 부분이다. 필자의 경우 EMBED를 바로 표시하지 않고 MOVIE.PHP 형태의 프로그램 경로를 거쳐서 나오게 다루었다.

그 이유는 필자의 '빅터리 쇼'는 실시간 방송, 중계방송, 녹화방송이 가능한 인터넷방송으로써 편성표 기능까지 거쳐야 하는 방송국이기 때문이다.

위 소스 가운데 빨간색으로 표시한 부분은 '빅터리 쇼'의 음악방송을 가능하게 해주는 임베드<EMBED> 활용 기능으로써, 세이캐스트 www.saycast.com 의 세이라디오 SayRadio를 위젯 형태로 임베드<EMBED>하여 넣은 소스이다.

> **주** 이 책 부록으로 공개한 [인터넷 방송국]을 설치하는 독자들의 경우 '빅터리 쇼'의 기능을 활용하여 저마다 각 자의 인터넷 방송국을 손쉽게 사용할 수 있다. 이메일 신청하는 분에 한하여 웹호스팅 설치까지 대행하며, 설치된 이후에는 이용자 본인 스스로 이미지 등을 자유롭게 변형하여 [인터넷 방송국] 기능을 사용할 수 있다.

다음으로는 인터넷 사이트를 구성하는 html 문서 가운데 index 문서에 대해 알아본다. 대부분의 인터넷 사이트는 index.html로 표시되는 페이지를 통해서 사이트를 구성하는 전체 기능들이 구성되기 때문이다.

index.html 문서 열기

index 문서는 각 사이트의 FTP를 통해서 컴퓨터에 다운로드 받는다. FTP란 사이트 구성 콘텐츠를 저장하는 컴퓨터에 연결되는 관문과 같다. 아이디와 비밀번호를 입력하면 다음과 같은 형태로 표시된다.

이 가운데에 index.html 파일을 찾아서 컴퓨터로 다운로드 받는다.

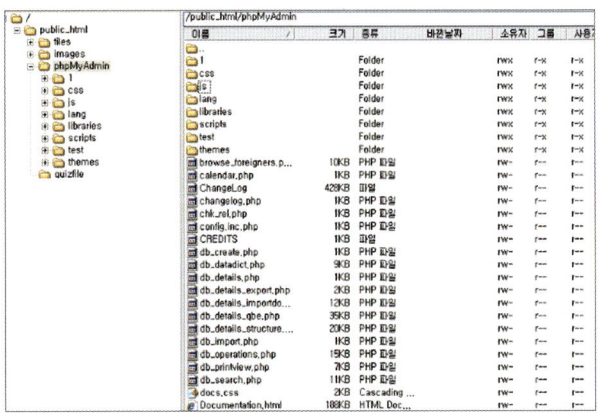

컴퓨터에 index.html 파일이 표시되면 메모장을 열고 마우스로 index 파일을 누르고 이동시켜서 메모장 위로 올려놓는다.

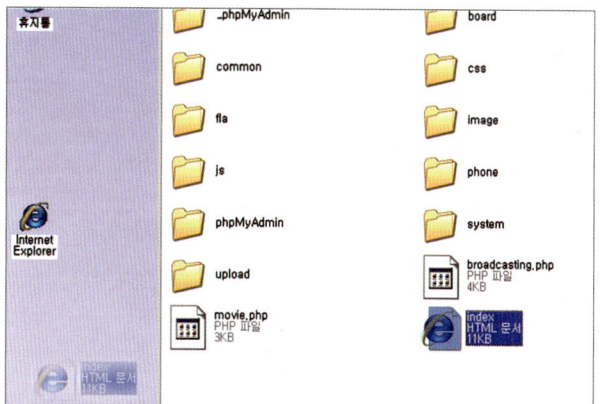

index.html 파일이 열렸다. 메모장 내에서 index 파일의 내용을 수정한 뒤에 메모장의 [저장하기]를 누르면 컴퓨터에 index 파일로 저장된다.

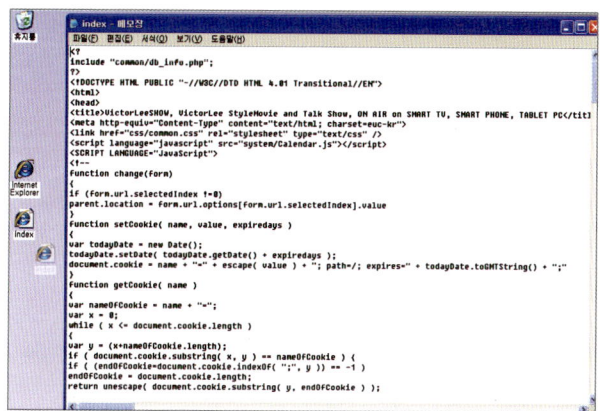

주 인터넷사이트를 구성하는 모든 파일을 이와같은 방식으로 메모장 내에서 열어 볼 수 있다.

index.html 문서 수정하기

〈EMBED〉의 기본적인 사용법은 용어를 알아두는 것으로 시작한다.

① SRC="인터넷 주소 전체" : 동영상 파일이 있는 주소를 적는다.

② HEIGHT="___" : 홈페이지에 표시할 높이세로

③ WIDTH="___" : 홈페이지에 표시할 넓이가로

PART 6
인터넷 TV 극장 만들기
아이폰 영화를 인터넷에 방송해보자

④ AUTOSTART="TRUE/FALSE" : 재생 기능. TRUE는 자동재생, FALSE는 수동재생

⑤ LOOP="TRUE/FALSE" : 자동 반복 기능. TRUE -→ON, FALSE -→ OFF

⑥ HIDDEN="TRUE/FALSE" : 화면에 표시 여부를 결정

⑦ VOLUME="___" : 음악 소리 크기

⑧ PLUGINSPAGE="URL 주소" : 플러그인이 설치되어 있지 않은 경우, 플러그인 주소

가령, 동영상을 임베드 해서 넣을 경우는 아래와 같다.

<EMBED SRC="VictorLee Fashion Show.mov" HEIGHT="150" WIDTH="170"

PLUGINSPAGE="HTTP://www.victorleeshow.com/upload/show.sf">

올레온에어에서 '빅터리 쇼' 영상을 임베드 하는 소스는 [퍼가기 소스]로 표시되어 있다. 을 마우스로 클릭하고 [복사]를 실행한다.

'빅터리 쇼' 임베드 소스

```
<object type="application/x-shockwave-flash" align="middle" classid="clsid:d27cdb6e-ae6d-11cf-96b8-444553540000" width="480" height="295" codebase="http://fpdownload.macromedia.com/pub/shockwave/cabs/flash/swflash.cab#version=10,0,0,0" pluginspage="http://www.adobe.com/go/getflashplayer" id="olleh.onairPlayer" name="olleh.onairPlayer"><param name="movie" value="http://olleh.onair.com/player/vod/42065" /><param name="allowScriptAccess" value="always" /><param name="menu" value="false"/><param name="allowFullScreen" value="true" /><param name="wmode" value="transparent" /><param name="flashvars"
```

```
value="vid=kongnamul.vaWt/550be6b47198e11f660dabc746e90268"
/><embed src="http://olleh.onair.com/player/vod/42065" width="480"
height="295" flashvars="vid=kongnamul.vaWt/550be6b47198e11f660dabc7
46e90268" allowScriptAccess="always" type="application/x-shockwave-
flash" allowFullScreen="true" wmode="transparent" menu="false"></
embed></object>
```

> **TIP** EMBED와 OBJECT의 차이점
>
> HTML 문서에서 사용할 수 없는 데이터를 플러그 인(Plug In)으로 HTML 문서에 표시할 때 〈EMBED〉를 사용하는데, 동영상 같은 콘텐츠를 플러그 인 기능으로 HTML 문서에 삽입해준다. 단, 플러그 인 기능을 사용할 수 없는 웹브라우저에서 사용할 때는 〈NOEMBED〉를 사용한다.
>
> HTML 4.0에서 콘텐츠를 사용하는데 〈OBJECT〉를 사용하는데, 이 기능을 사용하면 동영상뿐 아니라 *.class와 같은 형태로 표시되는 자바 애플릿(Java Applet)이나 HTML 문서 등을 삽입할 수 있다. 〈OBJECT〉는 데이터 형식마다 〈IMG〉, 〈APPLET〉, 〈EMBED〉, 〈BGSOUND〉 등을 통일해서 다룰 수 있다.

3 HTML 기초지식 알아두기

'빅터리 쇼' HTML문서를 통해서 HTML의 기본 용어를 알아두자.

HTML에서 사용하는 영어는 대문자, 소문자 상관없이 사용한다. 또한, [띄어 쓰기]를 할 경우 HTML 언어는 한 칸만 인식한다. HTML언어에서 아무리 많이 여백을 줘도 한 칸밖에 인식을 못한다. 그래서, HTML 페이지를 작성할 때 띄어쓰기를 하려면 특수문

자로 라고 쓴다. 한 번 쓸 때마다 한 칸씩 해당된다.

가령, 다섯 칸을 띄어 쓸 때는   와 같이 띄어 쓸 칸 만큼 반복해서 사용한다. HTML에서는 시작할 때 〈명령어〉를 사용하고, 끝나는 부분엔 〈/명령어〉 형태로 사용한다.

HTML 언어에서 기본적인 용어를 알아두자.

<html></html>

HTML 문서의 시작과 끝을 나타낸다. HTML 문서를 작성하면서 처음과 끝에 표시한다.

<head></head>

HTML 문서의 제목을 〈title〉 명령어로 사용해서 표시한다.

<title></title>

사이트를 접속했을 때 페이지 제목을 표시한다.

인터넷 사이트에서 제일 위쪽에 표시되는 부분이다.

이와 같이 페이지 제목을 VictorLeeSHOW, VictorLee StyleMovie and Talk Show, ON AIR on SMART TV, SMART PHONE, TABLET PC 표시한다. [빅터리 쇼]를 구성하는 HTML 문서에서 파란색으로 표시된 부분이다.

```
<html>
<head>
<title>VictorLeeSHOW, VictorLee StyleMovie and Talk Show, ON AIR on SMART TV, SMART PHONE, TABLET PC</title>
<meta http-equiv="Content-Type" content="text/html; charset=euc-kr">
<link href="css/common.css" rel="stylesheet" type="text/css" />
<script language="javascript" src="system/Calendar.js"></script>
<SCRIPT LANGUAGE="JavaScript">
<!--
function change(form)
```

```
{
if (form.url.selectedIndex !=0)
parent.location = form.url.options[form.url.selectedIndex].value
}
function setCookie( name, value, expiredays )
{
var todayDate = new Date();
todayDate.setDate( todayDate.getDate() + expiredays );
document.cookie = name + "=" + escape( value ) + "; path=/;
expires=" + todayDate.toGMTString() + ";"
}
function getCookie( name )
{
var nameOfCookie = name + "=";
var x = 0;
while ( x <= document.cookie.length )
{
var y = (x+nameOfCookie.length);
if ( document.cookie.substring( x, y ) == nameOfCookie ) {
if ( (endOfCookie=document.cookie.indexOf( ";", y )) == -1 )
endOfCookie = document.cookie.length;
return unescape( document.cookie.substring( y, endOfCookie ) );
}
x = document.cookie.indexOf( " ", x ) + 1;
if ( x == 0 )
break;
}
return "";
```

```
}
/*
alert(document.cookie.indexOf);
*/
// -->
</SCRIPT>
</head>
```

 는 '한 칸 띄기' 의미이다. 이와 비슷한 명령어로 〈와 〉를 표시하는 기능이 있다. <는 〈, >는 〉를 나타낸다.

[글자크기]를 표시하는 방법은 〈font size="2"〉빅터리쇼〈/font〉와 같이 표시한다. '빅터리쇼' 글자 크기가 2폰트로 표시된다. 입력하는 숫자만큼 글자 크기가 변경된다.

[글자색]은 〈font color="SteelBlue"〉빅터리쇼〈/font〉라고 입력하고, 빅터리쇼로 표시된다. HTML에서 사용하는 색상 표시는 각 색상별 영어를 사용하거나 영어알파벳과 숫자가 결합된 형태로 사용된다.

 TIP HTML 색상코드

코드	이름	코드	이름	코드	이름
000000	black	ffe4e1	mistyrose	2f4f4f	darkslategray
ffe4b5	moccasin	708090	slategray	ffdead	navajowhite
778899	lightslategray	d2b48c	tan	696969	dimgray
f5deb3	wheat	808080	gray	fafad2	light goldenrodyellow
a9a9a9	darkgray	ffffe0	lightyellow	c0c0c0	silver
fff8dc	cornsilk	d3d3d3	light grey	faebd7	antique white
dcdcdc	gainsboro	f5f5dc	beige	ffffff	white
fffacd	lemonchiffon	fff5ee	seashell	fffff0	ivory
fffafa	snow	f0e68c	khaki	f8f8ff	ghostwhite
e6e6fa	lavender	fffaf0	floralwhite	fff0f5	lavenderblush
f5f5f5	whitesmoke	ffe4c4	bisque	f0f8ff	aliceblue
ffebcd	blanchedalmond	f0ffff	azure	deb887	burlywood
fdf5e6	oldlace	cd853f	peru	f5fffa	mintcream
00ced1	darkturquoise	ffefd5	papayawhip	00bfff	deepskyblue
ffdab9	peachpuff	7fffd4	aquamarine	faf0e6	linen
1e90ff	dodgerblue	eee8aa	palegoldenrod	00ffff	cyan
f0fff0	honeydew	da70d6	orchid	87cefa	lightskyblue
4b0082	indigo	afeeee	paleturquoise	a52a2a	brown
e0ffff	lightcyan	e9967a	darksalmon	add8e6	lightblue
f08080	lightcoral	b0c4de	lightsteelblue	cd5c5c	indianred
40e0d0	turquoise	ffa07a	lightsalmon	48d1cc	mediumturquoise
db7093	palevioletred	00ffff	aqua	f4a460	sandybrown
7b68ee	mediumslateblue	fa8072	salmon	191970	midnightblue
ff6347	tomato	6495ed	cornflowerblue	ff4500	ornagered
0000cd	mediumblue	ff0000	red	6a5acd	slateblue
800000	maroon	4682b4	steelblue	8b0000	darkred
0000ff	blue	b22222	firebrick	483d8b	darkslateblue
d2691e	chocolate	5f9ea0	cadetblue	8b4513	saddlebrown
87ceeb	skyblue	a0522d	sienna	4169e1	royalblue

bc8f8f	rosybrown	b0e0e6	powderblue	ff7f50	coral
000080	navy	ff8c00	darkorange	00008b	darkblue
ffa500	orange	8a2be2	blueviolet	b8860b	darkgoldenrod
8b008b	darkmagenta	ffd700	gold	9932cc	darkorchid
ffff00	yellow	9400d3	darkviolet	7fff00	chartreuse
ff00ff	magenta	7cfc00	lawngreen	ff00ff	fuchsia
00ff00	lime	c71585	mediumvioletred	32cd32	limegreen
ba55d3	mediumorchid	00ff7f	springgreen	9370db	mediumpurple
3cb371	mediumseagreen	dc143c	crimson	adff2f	greenyellow
ff1493	deeppink	8fbc8f	darkseagreen	ffb6c1	lightpink
90ee90	lightgreen	ff69b4	hotpink	98fb98	palegreen
ffc0cb	pink	2e8b57	seagreen	dda0dd	plum
00fa9a	mediumspringgreen	800080	purple	20b2aa	lightseagreen
ee82ee	violet	66cdaa	mediumaquamarine	d8bfd8	thistle
228b22	forestgreen	008b8b	darkcyan	808000	olive
008080	teal	6b8e23	olivedrab	006400	darkgreen
bdb76b	darkkhaki	556b2f	darkolivegreen	daa520	goldenrod
008000	green				

① [글자체]는 〈font face="궁서체"〉궁서체〈/font〉의 형태로 표시한다.

② [글자 변형하기] 명령어는 아래와 같다.

〈b〉진하게〈/b〉 - **진하게**

〈strong〉진하게〈/strong〉 - **진하게**

〈i〉이탤릭체〈/i〉 - *이탤릭체*

〈u〉밑줄긋기〈/u〉 - 밑줄긋기

〈sup〉위첨자〈/sup〉 - 위첨자

〈sub〉아래첨자〈/sub〉 - 아래첨자

③ [줄 바꾸기]는 〈BR〉로 표시하며, 사용할 곳에 한 번만 쓴다. 〈br〉은 줄을 바꾸고, 〈p〉는 줄도 바꾸면서 한 줄을 띄어준다.

④ [인용구] 표시는 〈blockquote〉인용구〈/blockquote〉로 표시한다.

⑤ [그림]을 넣으려면 〈img src="그림주소"〉라고 쓴다.

⑥ [수평선]을 표시하는 명령어는 〈hr〉이라고 표시하며, 굵기를 지정할 때 〈hr size=3〉이라고 쓴다. 수평선은 가로로 된 선으로 선의 위치는 align을 사용하며, 각 위치는 right, left, center 등으로 조정한다. width는 가로 넓이를 설정하며, size는 굵기, noshade는 그림자 없애기를 뜻한다. color는 색상 설정 기능이다.

  <hr size=10, width=50 align=right>

  <hr size=5, width=30% align=center noshade>

⑦ [음악 넣기]는 bgsound src="음악이 있는 주소"형태로 사용한다.

⑧ [음악 반복하기]는 bgsound src="음악주소" loop="2"〉의 형태로 명령어를 사용한다. 음악을 계속 반복하려면 loop="infinite"라고 쓴다.

⑨ [링크]는 〈a href="링크할 주소"〉주소이름〈/a〉의 형태로 사용한다.

⑩ [새 창으로 링크]는 target 명령어를 사용하는데, 페이지를 지정한다. 가령, ""안에 _blank, blank, new를 넣으면 새 창이 열리면서 링크 기능이 실행된다.

  〈a href="링크 주소" target="_blank"〉패션디자이너 빅터리 쇼〈/a〉라고 할 경우, 해당 이미지 또는 텍스트 등을 클릭했을 때 [빅터리 쇼] 사이트가 새 창으로 열린다.

⑪ 표 만들기

  HTML문서에서 '표TABLE'를 만드는 명령어이다.

  가로 표 만들기

  <table>

  <tr>

  <td>1칸</td><td>2칸</td><td>3칸</td><td>4칸</td>

```
</tr>

</table>
```

| 1칸 | 2칸 | 3칸 | 4칸 |

세로 표 만들기

```
<table>

<tr><td>1줄</td></tr><tr>

<td>2줄</td></tr><tr>

<td>3줄</td></tr>

</table>
```

| 1줄 |
| 2줄 |
| 3줄 |

변형 표 만들기

```
<table>

<tr><td rowspan="2">위아래 줄 합치기</td>

<td>1줄 2칸</td></tr><tr><td>2줄 2칸</td></tr>

</table>
```

| 위아래 줄 합치기 | 1줄2칸 |
| | 2줄2칸 |

복수 표 만들기

```
<table>

<tr><td>1줄 1칸</td><td>1줄 2칸</td></tr>

<tr><td>2줄 1칸</td><td>2줄 2칸</td></tr>
```

</table>

1줄1칸	1줄2칸
2줄1칸	2줄2칸

[표]의 테두리, 색상, 크기 설정하기

〈table border="수치" bgcolor="색상명" width="숫자" height="숫자"〉처럼 설정한다.

border가 0이면 테두리가 없음을 표시하고, 숫자가 높아질수록 굵기가 굵어진다. 테두리 선의 색상을 설정할 때는 bordercolor="색상명"으로 표시한다.

bgcolor는 표의 배경 색상을 뜻하며, width는 표의 넓이를 설정하고, height는 표의 높이를 설정한다.

이상으로, HTML 문서를 학습하면서 기초적인 명령어 사용법을 살펴봤다. 인터넷방송 사이트를 만드는 것은 자바스크립트, 플래시, PHP, ASP 등등 이루 말 할 수 없이 많은 프로그래밍 언어를 사용해서 만들 수 있다.

그러나 인터넷에 웹브라우저로 표시할 때는 HTML 언어를 사용해서 문서로 파일을 만드는데, 대다수 사이트들이 웹호스팅을 통해 인터넷에 표시될 때는 INDEX.HTML의 형태로 시작해서 하위 페이지가 열리는 구성으로 되는 경우가 많다.

따라서 인터넷사이트를 운영하면서 복잡한 프로그래밍 언어를 모르더라도 HTML 문서를 이해할 정도만 되면 손쉬운 편집 기능 정도는 문제없다. 내가 운영하는 사이트의 링크를 걸거나 이미지를 바꾸고, 음악을 넣거나 하는 등의 간단한 작업은 직접 할 수 있게 된다.

4 아이폰에서 인터넷방송 접속하기

컴퓨터를 통해 '빅터리 쇼' 인터넷방송 사이트를 접속해보자.

이번엔 아이폰으로 접속해보자. 아이폰에서 인터넷방송 사이트에 접속하여 시청할 수 있을까? 아이폰 바탕화면에서 을 선택하여 인터넷 접속 기능을 실행한다.

아이폰 Safari 화면에서 인터넷 주소창에 을 입력한다.

아이폰 화면에 '빅터리 쇼'가 표시된다. 다만, 아이폰은 2010년 12월 기준, 어도비社의 플래시 기능을 일부분 지원하고 있지 않는 까닭에 아이폰 화면에 나타난 방송사이트 화면에는 빈 공간으로 표시되는 영역이 있다.

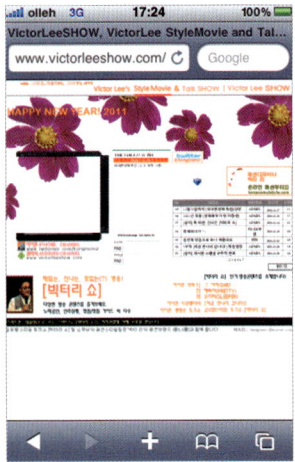

아이폰 화면의 은 방송 영역으로써 플래시 동영상 방식이기 때문에 아이폰에서는 표시되지 않는다.

은 플래시로 만들어진 위젯Widget이기 때문에 마찬가지로 아이폰 화면에서는 제대로 표시되지 않았다.

> **주** 단, 인터넷이용자들이 어도비社의 플래시 프로그램을 사용한 동영상 등을 많이 사용하고 있는 까닭에 애플社 역시 머지않은 시기에 아이폰, 아이패드 등에서도 플래시 프로그램을 점진적으로 허용할 것으로 기대하는 분위기이다.

아이폰을 가로로 위치를 바꿔서 보기로 하자. 인터넷방송 사이트 표시가 가로 형태로 바뀌었다.

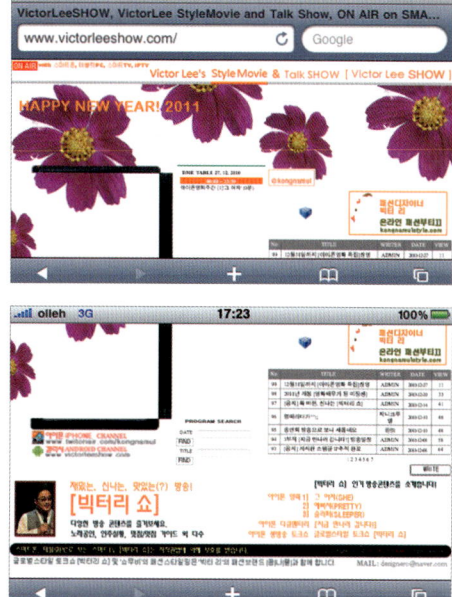

아이폰 화면에 손가락을 대고 위로 올리면 나머지 부분도 표시된다.

PART 6
인터넷 TV 극장 만들기
아이폰 영화를 인터넷에 방송해보자

TIP [위젯]이란?

인터넷 사용자의 각자의 사이트 내에서 실행할 수 있는 기능으로, 소셜 네트워킹(social networking) 사이트에서 특히 인기를 끌고 있는 소프트웨어이다.

[위젯]은 게임, 퀴즈 등의 수많은 기능이 가능하며, 개인의 블로그에 넣어 쓰는 경우가 주류를 이룬다. 위젯의 인기가 높아지면서 광고 기능을 포함한 위젯도 등장했다.

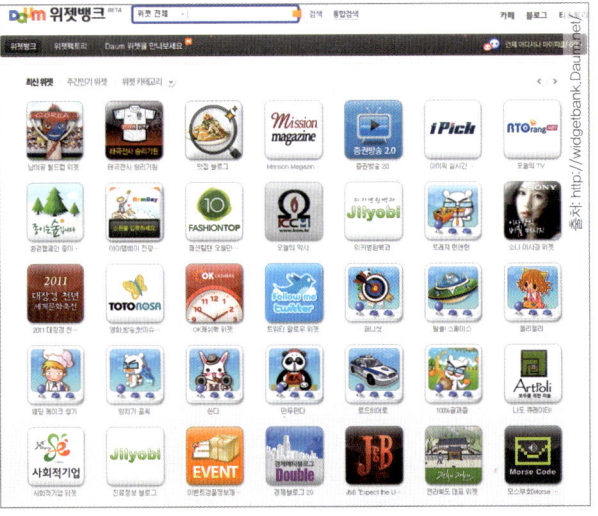

출처: http://widgetbank.Daum.net

에필로그

스마트TV 콘텐츠 시대에 나 혼자 아이폰으로 만드는 영화: n스크린 시대, 스마트폰에서 태블릿PC로, 나만의 동영상 영화 만들기

이제 n스크린 시대이다. n스크린이란 인터넷이 기능한 모든 종류의 기기에서 동시에 방송을 보고, 영화를 보고, 서로 화상통화를 할 수 있는 스크린이라는 뜻이다. 미국에 있든, 한국에 있든 우리가 살아가는 장소는 중요하지 않으며, 오로지 인터넷이 되는 기지를 가졌는지 중요하다. 손 안에 든 스마트폰에서, 무릎 위에 올려둔 태블릿PC에서, 가정 소파에 누워보던 스마트TV에서 동시에 같은 내용의 화면을 볼 수 있는 시대가 바로 n스크린 시대라는 의미이다.

그럼 어떤 일이 벌어질까? TV브라운관에서 벗어나서 컴퓨터 모니터, 스마트폰 화면, 태블릿PC 화면, 내비게이션 화면, PDA 화면 등등, 수많은 종류의 인터넷 기기가 등장하게 되고, 각각의 화면이 하나의 인터넷망으로 연결되었을 때 무엇보다도 중요한 것은 바로 콘텐츠, 즉, 사람들이 찾아서 볼 만한 영상작품이 필요하다. 드라마도 될 수 있고, 영화도 될 수 있고, 재미있는 쇼와 예능 프로그램이 될 수도 있다.

n스크린 시대를 열어가는 선두에 바로 아이폰과 같은 스마트폰이 있다. 애플社의 아이폰 계열 제품과 구글社가 제공하는 안드로이드 운영체제를 사용하는 안드로이드 계열 스마트폰이 있다. 물론, 그 외에도 다양한 운영체제를 사용하는 스마트폰과 그 관련 스마트 기기들이 많다.

그럼, 어떻게 해야 할까? 2011년, 2012년, 그리고 그 이후가 되더라도 스마트기기들의 등장은 멈추지 않을 것이다. 다양한 사이즈의 기기가 등장하고, 시간이 흐를수록 뛰어난 성능을 지닌 제품들이 시장에 선보일 것이다.

이에 대비하여, 스마트폰, 태블릿PC, 스마트TV 등에 필요한 콘텐츠를 준비하려는 움직임이 생기는 중인데, 여기엔 스마트기기만의 콘텐츠가 중요하다. 사람들이 TV에서 보고, 컴퓨터에서 보던 콘텐츠보다도 스마트 기기에 걸맞은 콘텐츠가 만들어져야 한다는 뜻이다.

그래서 아이폰 영화가 필요하다.

2010년 10월에는 '아이폰4 필름 페스티벌'이 열렸고, 2011년 2월에는 'olleh·롯데 스마트폰 영화제'가 열린다. 그에 이어서 아이폰을 활용하는 다양한 영상 콘텐츠들이 생산되고 유통되고 있다.

CD와 LP를 판매하는 음반시장이 축소되면서 음원을 다운로드 받고 사용하는 mp3 시장이 열린 것처럼, TV와 컴퓨터가 지나가고 손 안에서 모든 인터넷과 업무 기능을 수행하는 스마트기기 시대에는 스마트 콘텐츠가 필요하다. 아이폰4G는 뛰어난 영상 품질을 강점으로 내세우며 영화 만들기에 제격이다. 내장 플래시로 어두운 곳에서 촬영이 가능하며, 일반 극장 스크린에서 상영해도 좋을 만큼 HD급 영상 제작이 가능하다. 아이폰으로 만든 영화 한 편이 태블릿PC, 스마트TV뿐 아니라 iPTV와 일반 TV브라운관까지 진출할 수 있는 시대이다. 그뿐인가? 아이폰을 생방송 카메라로 사용하여 세계 어느 곳에서든 현장 중계 방송을 할 수 있다. 아이폰을 활용한 영화촬영과 생방송 중계까지 가능한 시대이다.

아이폰으로 영화를 만들자. 아이폰으로 만든 영화를 극장에서 상영하고, TV에서 방송하며, 스마트폰과 태블릿PC 등에서 시청한다. 많은 사람이 필요한 게 아니고, 많은 장비가 필요하지 않다. 아이폰 한 대만 있으면, 영화를 만들고, 드라마를 만들며, 다큐멘터리를 만들 수 있다. 한 걸음 더 나아가서 인터넷방송까지 할 수 있다. 본 도서는 아이폰을 사용한 영화감독, 드라마PD, 인터넷방송 진행자를 위한 필수 가이드북이다. 자신의 아이폰으로 만든 영화 한 편, 드라마 한 작품, 방송 한 회가 TV와 컴퓨터와 다른 사람들의 스마트폰에서 상영되는 시대에 살아가는 모든 사람들에게 꼭 필요한 아이폰으로 영화제작하는 방법에 대해 배울 수 있는 교재이자 지침서라는 뜻이다.

각 급 관련 교육기관에서 교재로 사용하기에 편리하도록 구성했으며, 국내뿐만 아니라 외국에서도 누구나 스마트폰 사용자라면 손쉽게 사용할 수 있도록 각 프로그램 및 각 기기 장치의 사용방법을 필자가 직접 경험한 순서에 따라서 소개했다.

자, 이제 아이폰을 들고 밖으로 나가 영화를 만들어보자. 당신도 곧 박찬욱처럼 아이폰으로 영화를 연출하는 감독으로 입봉할 수 있을 것이다.

부록

〈스마트폰 동영상으로 꾸미는 나만의 인터넷방송국〉 소스

부제 n스크린에서 시청하는 유/무선 인터넷방송 사이트 소스

컴퓨터에 설치하는 1인 인터넷방송 소스를 비상업용 개인에게 무료 제공합니다.

설치 안내

1. 인터넷방송국 무료 소스의 설치비용은 아래 포함하여 20만 원입니다.

   설치비용 : 웹호스팅 및 사용자 계정 설정, 기본 바탕 이미지 제작대행

   무료제공 : 인터넷방송 사이트 소스(소스는 웹에 설치됩니다.)

   영화DVD - 아이폰 다큐멘터리 〈지금 만나러 갑니다〉

   아이폰 영화 3편 - 〈그 여자〉, 〈예뻐서〉, 〈슬리퍼〉

2. 설치비용 영수 후 인터넷방송 설치까지 약 7~10일 정도 기간이 필요합니다.
3. 인터넷방송사이트 첫 디자인은 www.victorleeshow.com 형태를 참조하세요.
4. 설치 이후, 이용자 스스로 추후 이미지 수정 등의 디자인 변경이 가능합니다.
5. 본 소스는 저작권법에 의해 보호받는 저작물입니다.

6. 저작권자의 서면 동의 없이 소스를 수정하거나 변경하면 안 됩니다.
7. 영리 목적의 사업자용 인터넷방송국 개설은 별도 상담합니다.
8. 나만의 인터넷방송국을 만드시려는 분들은 아래 내용을 메일로 문의주세요.
9. 인터넷방송국 설치 신청 메일 : designero@naver.com [개인 및 사업자 공통]

주요 기능

(1) 방송 트래픽 걱정 없이, 생방송, 중계방송 가능!

(2) 방송편성표 기능, 프로그램 다시보기 기능, 미리보기 기능까지 완벽 구비!

(3) 설치부터 세팅까지 완료 후 즉시 나만의 인터넷방송 가능

(4) 인터넷으로 보고, 아이폰으로 보는, n스크린시대 멀티미디어방송국

(5) 콘텐츠 걱정 없는 필자가 제작한 방송콘텐츠 제공 가능

(6) 스킨(GIF 이미지) 변경은 해당 방송국 운영자가 자유롭게 가능

(7) 직접 만든 콘텐츠로 녹화방송 기능 가능

아이폰 한 대로 나만의 방송국 만들기. 아이폰으로 실시간 방송이 가능하다.
아이폰으로 촬영하고, 인터넷에서 시청하는 나만의 방송국까지!

문의하실 때는 다음 사항을 꼭 써보내주세요

메일 : designero@naver.com

- 성함은요? :

- 연락처는요? :

- 인터넷방송국으로 사용하실 도메인 주소는요? :

- 어떤 내용의 인터넷방송국인가요? :

◆ **아이폰**으로
박찬욱 따라잡기

초판 1쇄 인쇄 2011년 2월 14일
초판 1쇄 발행 2011년 2월 21일

지은이 이영호
펴낸이 김선식

Chief Story Creator 이선아
Story Creator 박은정
Design Creator 김태수
3rd Creative Story Dept. 박은정, 정지영, 홍다휘, 박고운
Creative Design Dept. 최부돈, 황정민, 김태수, 조혜상, 이성희, 김경민
Creative Management Team 김성자, 김미현, 김유미, 정연주, 권송이, 서여주
Creative Marketing Dept. 모계영, 이주화, 김하늘, 권두리, 신문수, 하미연
            Communication Team 서선행, 김선준, 박혜원, 전아름
            Contents Rights Team 이정순, 김미영

외부스태프 본문디자인 유민경

펴낸곳 (주)다산북스
주소 서울시 마포구 서교동 395-27번지
전화 02-702-1724(기획편집) 02-703-1725(마케팅) 02-704-1724(경영지원)
팩스 02-703-2219
이메일 dasanbooks@hanmail.net
홈페이지 www.dasanbooks.com
출판등록 2005년 12월 23일 제313-2005-00277호

필름 출력 스크린그래픽센타
종이 한솔페엔에스(주)
인쇄·제본 (주)현문

ISBN 978-89-6370-513-2 13000

· 책값은 표지 뒤쪽에 있습니다.
· 파본은 구입하신 서점에서 교환해드립니다.
· 이 책은 저작권법에 의하여 보호를 받는 저작물이므로 무단 전재와 복제를 금합니다.